Cerrando el Círculo

Enrique Cortés

Edición y Publicación: Alborán Editores

C/. Pedro Antonio de Alarcón; 41 3º G - 18004 - Granada (España)

Portada y Contraporta: Carlos García

Maquetación y Retoque Gráfico: Sebastián Carvajal Ramírez

ISBN: 9781796590227

La verdad narrativa no es la verdad histórica,
es la adaptación que hace soportable la
existencia.

Boris Cyrulnik

ÍNDICE

Siempre es preciso saber cuándo se acaba una etapa de la vida. Si insistes en permanecer en ella más allá del tiempo necesario, pierdes la alegría y el sentido del resto.

Cerrando círculos, puertas, capítulos, como se quiera llamar. Lo importante es poder cerrarlos y dejar ir momentos de la vida que se van clausurando.

No podemos estar en el presente añorando el pasado.

Ni siquiera preguntándonos por qué.

Lo que sucedió, sucedió y hay que soltarlo, hay que desprenderse. No podemos ser niños eternos, ni adolescentes tardíos, ni empleados de empresas inexistentes, ni tener vínculos con quien no quiere estar vinculado a nosotros.

Los hechos pasan y hay que dejarlos ir…

Con Elina Matoso, (taller del mapa fantasmático corporal). 2013

El autor.

Cerrando el círculo es mi último libro; esto fue algo que sentí donde se sienten las cosas, es decir en el cuerpo, mientras lo escribía; al mismo tiempo que me di cuenta que en realidad es la segunda parte de "Conferencias de psicodrama".

Si bien "conferencias de psicodrama" refleja la andadura, tanto la mía como la de un grupo de colegas psicodramatistas, viniendo a resumir lo que han sido diez años en mi historia psicodramática; "cerrando el círculo" es una vuelta al origen nunca atrapable, un ir más allá…

Cuando escribía "escenas fabuladas" un colega colombiano me anotó que andaba enfrascado con el fantasma, dando vueltas en torno a él, queriéndolo atrapar, persiguiéndolo, acorralándolo… y de nuevo escabulléndoseme.

Y en esas ando.

UNA CARTA PARA ALIOU.

Paqui Alcaraz

Querido Aliou:

Te escribo esta carta dejándome llevar por el viaje de tu nombre.

¿Recuerdas cuando te dije: *hay una película española que lleva tu nombre?*, mostré ese nombre escrito en algún lugar. Tu semblante cambió con el color de tu piel. "Una carta para Alou", Alou no es tu nombre. Tu nombre es A-LI-O-U. No tenías documentación que te reconociera pero... ¿tampoco se conocía tu nombre? El nombre de uno, es seña de identidad, identidad necesitada del reconocimiento de otro para así poder construirse. A partir de ahora, tu nombre queda grabado en nuestra memoria.

"Quien no tiene papeles, no existe", en alguna ocasión lo escuché. Axioma que nunca he compartido pero, pensándolo, en ocasiones os he proyectado como oscura escultura deambulando en mi retina. Y de nuevo un párrafo de Juan José Millás, me lleva a una de las claves:

"El diluvio era la vida misma, así que, lo que había creado, era una cápsula en la que me fui aislando de la existencia, por eso ahora no comprendo las calles ni concibo las emociones cerradas que amueblan los rincones de mi ánimo oscuro".

Aliou, nos conocimos en un municipio de la Plana, en fríos días de invierno y cálida y húmeda primavera. Ahí comienza nuestra relación. Una relación significativa para ti, ya que así me lo has manifestado.

También, significativa para mí en este momento porque eres el eje que me lleva a pensar en los momentos grupales, el antes, durante y después de la intervención. Qué significado ha tenido la participación en un grupo en un momento determinado de vuestras vidas, y digo vuestras, porque voy a relatar tu estar, y el de otros compañeros.

Llegaste un día al despacho, con amplia sonrisa y tus dientes ligeramente perjudicados por un medicamento que ingeriste en tu infancia en Senegal.

Sentí que llegaste para estar, estar sentado, mirar y poner palabras a tu viaje. Aún no había finalizado tu trayecto, estabas en un descanso. Descanso necesario para la reflexión.

Tú viaje no comienza al cumplir los 18 años, comienza cuando tu papá, decide que a los dieciocho años subirás a un avión para ir al viejo continente. Allí trabajarás y enviarás dinero para el mantenimiento de tu familia. Ellos residen en un pueblo llamado Kaolack, a 166 kilómetros de Dakar. La carretera no está asfaltada. Apenas hay fotos en internet. A partir de la noticia de tu traslado, te desplazaste en numerosas ocasiones a la capital, te gustaba ver cómo se vestían los turistas, cómo reían, cómo caminaban...

Observabas a las parejas.

La vivienda de tu familia la describías como una casa dividida en dos partes, separada por un rellano. En una de las estancias, vivías con tu mamá y hermanos; en la otra, vivía la otra mujer de papá, con quien también tuvo hijos. Describías con dolor las peleas, gritos entre dos mujeres que competían por el hombre. Él decidía cada noche en qué parte de la casa iba a dormir. Si no dormía en vuestro lado, oías el llanto de tu madre. Tu papá, tu mamá, tus hermanos, hermanastros, tu casa, tu hogar, tu familia....

En España, te dedicabas en un inicio a la venta ambulante, acompañando en el negocio a un amigo de tu país. Sin documentación que te acreditara como ciudadano español, recuerdo que, en tres ocasiones, fuiste detenido e ingresado en una prisión por un periodo de tres días. Nueve días y nueve noches en aquella celda. Eras muy joven. Sentir que marcaba tu rostro, atenuaba tu voz y temblaba la piel en tus manos.

Ante la fragilidad de tu ánimo y el ánimo de tus compañeros, (mi inconsciente me ha llevado a escribir "la fragilidad de tu niño", tu niño interior), se forma el GRUPO, con el objetivo de viajar juntos, ir allí, para poder volver de otra manera sintiendo la existencia.

Quiero recordar contigo el grupo. Estaba compuesto por varios participantes, entre ellos, tú, Sefardine y Gotto.

La comunicación era difícil porque apenas hablabais castellano. Seleccioné algunas canciones con las que podíamos aprender traduciendo las letras y trasladarnos, viajar, mirar atrás, encontrarnos de nuevo y así poder jugar la despedida.

Otro chico del grupo era Gotto. Procedente de Guinea Bisseau, país ubicado al sur de Gambia y Senegal. Uno de los países más pobres del mundo, la esperanza de vida no llega a los 50 años. Sus papás murieron cuando él y su hermana eran niños. Su tío quedó a cargo. Gotto tiene más de treinta años. Describía su viaje como una huida. Huía de la atadura, atado con una soga al uno de los grandes postes de madera del corral de vacas. Atado para no poder escapar, atado mientras crecía bajo los golpes de su tío, criando vacas, esas vacas famélicas y cabizbajas de las que encontramos imágenes en los documentales de la 2 o en algún reportaje del hambre en África en el Informe Semanal. Gotto se describía como otro animal de la manada. Su hermana se dedicaba a las tareas domésticas.

Gotto supo de la posibilidad de subir en una patera. Tenía que llegar al país vecino, encontrar un río y seguirlo hasta su cauce. Desde allí, la embarcación partiría rumbo a un mundo mejor. En google maps, pudimos identificar el recorrido, y quizás me quede corta en el recuerdo de una andadura de mil kilómetros. Su país es pequeño y uno de los más pobres del mundo, pero hay muchos animales salvajes. He leído que un negocio importante en el país es su comercio. ¿Se los encontraría en el camino?

Sefardine nació en Marruecos. Las veces que entré en el bar de la esquina a tomar café o comprar unos cigarrillos, le veía apoyado en la puerta hablando con algún paisano o simplemente viendo la gente pasar. Una mañana se acerca a realizar algunas preguntas acerca de su documentación, llega desde Italia, hace dos años que salió de su país. Quiso poner distancia de su familia. Pertenece a una familia adinerada de Casablanca. Cuenta que vivía en una gran casa, muy grande, con jardines, la describe al detalle como una mansión. Sus problemas no eran económicos. Sus padres se separaron pero, la lucha era constante. Sefardine relata que sus padres están dentro de una burbuja llena de enfados.

… Mis hermanos sufren menos. Ellos tienen los cuidados que precisan. De mí pasan… nunca pude tener una novia estable. Pasaba el tiempo en la calle, con mi pandilla, bebiendo, jugando, enfadado con unos y otros. Tenía muchas discusiones. Al llegar a la casa, por la noche, la tensión oscura de silencio me invadía. Decidí venir a Europa, pero esa sensación, quedó grabada en mí. No puedo desprenderme de ella… me apoyo en la pared de la puerta del bar y viajo a mis lugares…

Os gustaba venir, al despacho. Aquel lugar era

entrañable, un despacho sencillo, el bajo de unas viviendas de protección oficial a las afueras del pueblo. Hacía esquina, luminoso, rodeado de ventanas. Desde la ventana, un mar de naranjos, y al final, la playa, el mar. En aquel lugar había una mesa de despacho, madera clara y, una mesa redonda para seis u ocho personas. También hubo lugar para que Gotto nos enseñara algún paso de baile de su país. Decía que bailaba de pequeño en la calle con su mamá. Le quedó el recuerdo inscrito en el cuerpo.

Tuve vuestras historias en mis manos, comencé a pensar en el cómo, ¿qué hacer?

Algo que todos compartíais era la música, a todos os gustaba mucho. Tampoco teníais un buen manejo del castellano.

Decidí que parte de las sesionas las íbamos a dedicar a traducir canciones. A la vez, dejaba sus melodías sonando en el equipo del ordenador en un rincón de la sala. Música como medio de comunicación. La música surge antes que su técnica, su origen se encuentra en la reproducción y conjunción de los sonidos que al hombre le son SIGNIFICATIVOS. La música permite el contacto con la subjetividad, emociones y sentimientos. Es un canal hacia el propio interior. El latido de nuestro corazón, el trabajo de los pulmones…, el abrir y cerrar de los ojos, el caminar, una sonrisa… todos los órganos trabajan con ritmo.

Nuestro cuerpo es ritmo, necesitamos conocer nuestros ritmos internos y expresarlos al mundo exterior, consonando pensamientos y deseos.

Las letras de las canciones estaban relacionadas con la inmigración pero además, tenían un mensaje más íntimo que pensé, podía tocar vuestra subjetividad.

Entre ellas, destaco algunos versos:

De Chambao (Papeles Mojados):

… el miedo que en sus ojos reflejan, la mar se echó a llorar…

…una bocanada de aire le da otra oportunidad…

De Manu Chao (Clandestino) *Solo voy con mi pena sola va mi condena…*

… mi vida va prohibida…

De Coti (El inmigrante)

No tengo más equipaje

que un montón de frustraciones…

… allá donde yo nací

se quedaron mis seres queridos…

… soy extranjero…

De Amistades Peligrosas (Africanos en Madrid)

… se marchó lejos de su casa con el corazón en rodaje…

… hoy de nuevo le vi pasar, tenía los ojos alegres…

… alguien le dio noticias breves de su pueblo natal…

En aquella mesa redonda surgían las miradas. Poco a poco, ibais conectando con vuestro mundo interior, recorriendo de nuevo el trayecto para componer y recomponer vuestra salida. Momento descrito desde la esperanza y la amargura, el dolor de la separación, porque vuestro viaje podría significar desde "una raya en el mar" al encuentro con la arena de no se sabe qué playa, o aterrizar en un país que da la espalda.

Fueron días de traducción, emoción y conversación. Se cruzaban vuestras miradas entre los rayos de sol a través de las ventanas. La música invadía el espacio creando una atmósfera que aún conservo como leve recuerdo entre mis sentidos.

De ahí llegamos al psicodrama, de la palabra a la acción a través del juego. En aquella ocasión, significamos el juego para la despedida.

Sefardine abría el discurso, era el momento de la salida

de su casa, dice estaba despidiéndose de su mamá. Su papá no quiso despedirle. Entre sus tímidas palabras, en voz baja dice: *quizás no pudo.*

A mi madre *no le importó que dejara mi hogar, tiene otros hijos*. Sin embargo, en la escena, a través del cambio de rol, puso otras palabras en boca de la madre:

"Cuídate hijo, aunque me cuesta esta despedida, los sabios dicen que viajar es bueno y una inagotable fuente de aprendizaje. Vuelve. Vuelve cuando quieras, yo y toda tu familia, estaremos esperando. Perdona por el tiempo de tempestad, volverá la calma. Disfrutaremos juntos a tu llegada. Alá te acompañe".

Sefardine eligió a Aliou para hacer el papel de madre. Los motivos de la elección:

Se parece a mi madre porque es muy sensible, habla poco, sonríe mucho a todos excepto a mí, siento que no me acepta en el grupo, al igual que mi madre no me acepta en la familia.

Aliou, en la escena, te mostraste serio y poco complaciente. Al finalizar se te preguntó qué habías sentido. No quisiste hablar.

Sin embargo, fue en aquel intervalo de tiempo cuando, después de muchos meses, escribiste una carta sincera, a tu familia. En ella les decías que la vida en España no era tan fácil, tenías serias dificultades para llevarte algo a la boca todos los días, no tenías trabajo, ni dinero. No podías ayudarles. También expresabas tu afecto: *os quiero y os echo de menos...*

Poner palabras a aquello que estabas sintiendo te ayudó enormemente.

Gotto si jugó la escena de la despedida. Entre llantos, abrazó a su hermana. Al cambiar de rol y ponerse en el lugar de ella, expresa:

"... ve tranquilo hermano, se que tu viaje será bueno. Yo aquí quedo, estarás siempre en mi pensamiento. Este es mi lugar y sé que llegarán cosas buenas para mí también. Cuidaré del tío y me cuidaré a mí. Perdónale porque liberarte del rencor hará que seas un hombre feliz..."

Al volver a su lugar, al lugar de Gotto, dijo sentirse tranquilo. Pensaba que su hermana estaría bien. Le estaban pasando cosas buenas, como a él.

Tuvimos alguna sesión más. Nos despedimos. Yo también dejaba aquel lugar. Siento que hubo un antes y un después de aquella experiencia grupal.

Sefardine volvió a su país, a su ciudad, Casablanca para encontrarse con los suyos, de otra manera.

Gotto, siguió trabajando. Cuidaba a un señor encamado, dependiente grave. Se trataba de una pareja de ancianos, Josefa y Miguel. Le pagaban humildemente, pero cada día tenía su plato de comida caliente, ropa que te daban los hijos y podía colaborar con el pago de alquiler en la casa que compartía con sus ocho compañeros. Josefa vino en alguna ocasión al despacho, le cogía las mejillas y le besaba diciendo: *"es que lo quiero como a un hijo, desde su llegada, puedo dormir cada noche porque cuida bien a mi marido y el trato tan cariñoso que le da, también tiene la fuerza que a mí me falta para sus cuidados, le quiero mucho"*.

Esas palabras de amor quedan grabadas.

Pudimos crear una red con sus compatriotas, muchos de ellos ahora se dedican al cuidado de ancianos, tienen permiso de residencia y trabajo. Esto ha supuesto su integración y tranquilidad. Ya se les acoge en todo el municipio. Están integrados porque son acogidos.

Hace unos días pude ver "Intocable" película que relata una experiencia parecida a la de Gotto, volví a imaginar las miradas en la noche entre Miguel y él, miradas que se cruzan en esa línea que de intersección entre la vida y la muerte.

Y tú, Aliou, viajaste a Milán, donde vive tu mejor amigo. Ya tienes 22 años. Me felicitas cada Navidad y me vas contando cómo te va la vida. Estas son algunas de tus últimas palabras:

Tengo el permiso de residencia y trabajo. Estoy muy feliz. Estudio segundo curso de cocina. Vivo con una familia italiana, padre, madre e hijo de 30 años. Me ayudan con los estudios y económicamente, aunque, también trabajo por horas en un restaurante. Estoy contento con ellos, me tratan como a su propio hijo. Tienen confianza y esperanza en mí, como también la tiene mi familia biológica. Hablo con ellos a menudo por teléfono o vía skype. Les extraño mucho, siento su anhelo, les quiero.

Tengo novia hace dos meses. Es italiana, 18 años. Me gusta su carácter, su modo de vivir. Estoy enamorado. Es una chica alegre, con los pies en la tierra, responsable, fantástica para mí.

Lanzas un comentario en Facebook:

NO PUEDO CAMBIAR EL PASADO, PERO PUEDO MEJORAR EL FUTURO.

Y yo apunto:

SI REESCRIBES TU PASADO, EL FUTURO LLEGA… DE OTRA MANERA

Tu respuesta:

SI TÚ LO DICES, LO INTENTARÉ

Ahora sabes que habías empezado a hacerlo, se trata de seguir, de ir haciendo altos en el camino, de posibilitar el encuentro y el reencuentro.

El psicodrama fluye como ARTE desde el mundo interno del individuo.

No quiero olvidar decirte que, desde el momento de tu nacimiento, formas parte de este lugar, de este mundo que es tan tuyo como nuestro, aunque nos equivoquemos al escribir tu nombre...

Me despido entre la brisa de aquellos naranjos y el suave azahar del mar.

CERRANDO EL CÍRCULO

Si bien sus manifestaciones son en este siglo, diversas y desordenadas, el reencuentro con un Real es siempre contingente, singular a cada uno.

¿Cómo atraparlo? El significante, en cuanto a la significación, deja con las ganas; el significante empuja hacia una significación - pulsiona hacia ella - pero no nos la entrega.

Sabemos que lo real es lo imposible y al mismo tiempo lo que retorna siempre al mismo lugar. Lo que retorna no lo hace a la realidad, sino que vuelve adonde el sujeto no percibe lo que, sin embargo, le concierne: no ve eso que lo mira, no escucha el objeto que lo invoca.

Patrick Vinos, Alfonsi Huete y Enrique Cortés. Congreso De Paris (SEPT). 2015

I. CERRANDO EL CÍRCULO

ESCENAS FABULADAS.

La representación es lo característico del psicodrama y en el psicodrama freudiano no todas las escenas son representables.

Dicen los Lemoine: *"En lo que se refiere a las propiamente proyectivas, a las que designamos como "fabuladas" <u>por no haberse producido nunca y por ser fantaseadas solo por el puro goce,</u> intentamos*, en la medida de lo posible, dejarlas de lado".

Este sin duda es nuestro punto de partida.

¿Quiere decir esto que las escenas por el mero hecho de no ser fabuladas, ya no son gozosas?, ¿todas las escenas fabuladas son iguales y atienden al mismo objetivo gozoso?, partimos de que las fantasías son escenas fabuladas, pero al mismo tiempo, los Lemoine nos señalan ciertas excepciones, como los sueños, los cuales son considerados como escenas vividas. Y al mismo tiempo Freud define a las fantasías como sueños diurnos.

Entonces, ¿todas las fantasías tienen el mismo valor?

Tal vez la clave esté en ver a que nos referimos cuando hablamos de escenas vividas.

Una obsesión, por ejemplo, ¿es una escena vivida?; a mi cabeza aparece una y otra vez la "fantasía" de que viene el demonio y me arrastra con él al infierno.

Una obsesión es un síntoma y por lo tanto una formación del inconsciente, y si eso es así, ¿no tendremos que atenderlo?

Entonces: ¿Qué es una escena vivida?

Alejandra Thaysen en su artículo "Algunas reflexiones sobre análisis freudiano de grupo"; dice lo siguiente:

"La pregunta que surge es si desde este abordaje el psicodrama jamás toca la *fantasía"*. Alejandra es rotunda en su respuesta: *"la respuesta es afirmativa, siempre y cuando* (y aquí la cuestión) *sea lo real lo que soporta la fantasía, y en tanto sea la fantasía lo que protege lo real, ya que sabemos que las <u>fantasías del sujeto no son pura imaginaría, sino que son tentativas de escenificar, de dramatizar una captación simbólica de lo real"</u>.*

¿Esta Alejandra diciéndonos que no es lo mismo una escena en la que un personaje nos cuenta una fantasía recurrente, donde lo imaginario pide paso a lo simbólico que una escena donde solo se trata de representar un acting-out?

Sabemos que "las escenas reales son aquellas que fueron vividas, no las que nos hubiera gustado vivir o que fantaseamos vivir en algún momento futuro de nuestra vida" y que solo se podrá hacer el duelo de lo que fue. LO SABEMOS y aun así nos preguntamos: ¿Están las fantasías en el mismo correlato cualitativo, que los síntomas y los sueños?

Reconocer la diferencia que hay entre el orden de la realidad y el orden de lo imaginario, es lo que posibilita, al sujeto, verse desde el lugar que ocupa frente al Otro de su historia. ¿Qué quiere el otro de mí? Pregunta sin respuesta y angustiante. Marca el lugar de la alienación del sujeto en el deseo del Otro.

Jean Laplanche y Jean Bertrand Pontalis (1967) definen a la Fantasía como: *"guión imaginario en el que se halla presente el sujeto y que representa, en forma más o menos deformada por los procesos defensivos, la realización de un deseo, y en último término, de un deseo inconsciente"*. *"La fantasía, se presenta bajo distintas modalidades: fantasías conscientes o sueños diurnos, fantasías inconscientes que descubre el análisis como estructuras subyacentes a un contenido manifiesto, y fantasías originarias"*.

Nos dice E. Roudinesco (1997) que Freud utiliza en principio el término en alemán como fantasía o imaginación (uso corriente del término) y es en 1897 cuando le da un desarrollo más específico, al apartarse de la teoría de la seducción para validar la idea de realidad psíquica. La vida imaginaria cobra importancia y el sujeto se representa su propia historia y la de sus orígenes. Los traductores de Freud al francés utilizan la palabra *Fantasme* otorgándole el sentido de aparición.

Teresa se va a casar, cuando en la sesión habla de sus dificultades para experimentar placer, para disfrutar y celebrar y para conectarse con lo tierno y amoroso.

Nos cuenta que últimamente está teniendo una fantasía: "mi padre y mi compañera de trabajo se ríen de mi cuando leo en mi boda lo que le he escrito a mi marido, explicando públicamente las razones por las que me caso con él y lo mucho que lo quiero".

Al representar la escena (fabulada), la protagonista no ve a ningún yo auxiliar, salvo a su marido. Al terminar la representación, Teresa dice: "Cuando consigo conectarme con lo que deseo algo cambia y me tranquilizo".

Andrés Herrera. - Al leer las palabras de Enrique encuentro un nuevo campo de investigación para el psicodrama freudiano, se abre la posibilidad de investigar la relación entre el psicodrama y el fantasma.

Yo ya me había preguntado por la pertinencia o no de abordar dichas escenas, pienso que los esposos Lemoine se abstienen de realizarlas, si bien recuerdo, por el caso en el que una escena fabulada produjo un acting out. Pero quizás este riesgo este implícito no solo en escenas fabuladas sino también en aquellas que forman parte de la "realidad".

Propone Enrique, un abordaje del problema, desde la perspectiva de la fantasía como formación del inconsciente, me parece un trabajo novedoso que interroga el valor real, (separado de realidad) de la fantasía para un sujeto.

En si se trata de plantear el problema de la construcción o reconstrucción en el psicodrama.

A mí me ha ocurrido, no se a ti, cuando alguien representa una escena y no recuerda una parte de ella. Una laguna si se quiere. En ese caso le digo al sujeto que construya algo.

Por ejemplo, una mujer que recuerda una escena infantil, no recuerda las palabras de su madre en esa escena. Entonces, yo le digo que imagine, que suponga aquello que le pudo haber dicho y ella " fabula" algo en relación a la escena y cubre la laguna. De la misma manera que Freud lo plantea en el recuerdo encubridor.

El recuerdo encubridor es una fabulación del sujeto ¿no?

Entonces pienso que la fabulación si cumple una función en el psicodrama, pero también pienso que es un problema, digamos, borromeo.

Es decir que podemos pensar la fabulación en el campo de lo imaginario y como tal puede anudarse a lo simbólico y producir un sentido como en el caso de la re-construcción en el análisis, idea que Freud trabaja al final de su obra.

Pero la escena fabulada también puede en ciertos casos repercutir directamente en lo real como pasaje al acto o acting out, como creo que ocurrió en el caso que presentan los Lemoine.

Enrique. - Estoy de acuerdo contigo, cuando un paciente olvida, yo también le digo que invente. En terapia individual también ocurre. Un paciente te dice: "todo el fin de semana ha sido fantástico pero el domingo por la tarde todo cambió…"; yo le digo que me interesa lo que ocurrió hasta el domingo por la tarde, porque es precisamente de lo que no quiere hablar. En el psicodrama es igual, el sujeto que dice no acordarse yo escucho que es de eso de lo que no quiere hablar y entonces le digo que hable, que invente si es necesario.

J. Lacan en *función y campo de la palabra* dice "el inconsciente es ese capítulo de mi historia que está marcado por un blanco ocupado por un embuste: es el capítulo censurado. Pero la verdad puede volverse a encontrar, lo más a menudo ya está escrita en otra parte"

Otra idea que me interesa es el "puro goce"; cuando

los Lemoine dicen que las escenas fabuladas no se deben representar por _no haberse producido nunca y por ser fantaseadas solo por el puro goce._

Nosotros sabemos que la palabra goce es amplia; el goce lo podemos abordar desde el goce fálico, el plus-de-goce y el goce del Otro; y obviamente no es lo mismo.

El goce fálico se encarga de regular el acceso del plus-de-goce al exterior, es decir, a los síntomas, a las palabras, a los fantasmas, a las producciones del inconsciente.

El goce es vida y por lo tanto el motor de la cura, pero hay que regularlo. Y las dos vías que tiene el neurótico para evitar experimentar un goce máximo (goce del Otro) es el síntoma (goce fálico) y el fantasma (plus-de-goce).

Entonces si el síntoma y el fantasma son dos recursos del neurótico para oponerse al goce sin medida, tendremos que atenderlos.

Otra cuestión es el puro goce; el problema, como dice Andrés, puede estar en el acting out, agieren, como sabemos Lacan lo va a definir como una salida de escena en la que, como en una defenestración o un salto al vacío, el sujeto queda reducido a un objeto excluido o rechazado. Aquí el acto no es algo que se ponga en palabras y que además corresponde a una ruptura del fantasma y a una expulsión del sujeto. En cualquier caso, se refiere a un desfallecimiento del decir, que corresponde a una intervención en lo real. Representa por lo tanto a una verdad no reconocida y se ubica en la frontera entre la vida real y la escena de la ficción, lo que hace que perturbe el juego.

El Goce del Otro es un sueño paradisíaco que se presenta al neurótico de diversas maneras y contradictorias: ante todo es un sueño que sabe irrealizable, quimérico y fuera de su alcance; y finalmente, es también y sobre todo un sueño del cual sabe que, si por desgracia o por fortuna llegara a realizarse un día, entonces su ser estaría en peligro. Corre el riesgo de ver desaparecer su ser.

Es algo incluso difícil de representar, porque cómo representar el deseo de abofetear al jefe, por ejemplo. ¿Dónde ocurre? ¿Qué hace o dice el abofeteado? Son preguntas sin respuestas que imposibilitan el paso a la simbolización.

Es diferente si hay una fantasía, pensándola como sueño diurno, de abofeteo, p.e. aquí podemos ver que hay detalles, hay lugares y personajes que interrelacionan; y se puede representar.

Tal vez esto tenga que ver con que en el goce lo que prevalece es la acción, las palabras desaparecen, es lo que decíamos antes de que cuando las palabras no están les decimos que inventen, que las pongan. En el placer, al contrario que en el goce lo que prevalecen son las imágenes, el goce en cambio se hace oír por medio de acciones ciegas.

Ana Guardiola.- Creo que la fantasía ayuda a recomponer hasta que uno descompone la repetición entendiendo, para poder hacer otra cosa, cuando antes se veía competido o inhabilitado en la nueva. Es la razón de ello, la comprensión que falta, lo que yo creo que trabajamos siempre, o la asunción de la falta que no queremos ver. Es el paso que falta para llegar a la fantasía, lo que al menos yo, intento trabajar en psicodrama. Por eso no les dejo inventar, porque el olvido es el síntoma, y porque a través del sentir suelen llegar a lo olvidado casi siempre.

Los síntomas, fantasías obsesivas incluidas, dan cuenta del deseo entrampado. Hoy en día la ansiedad en el trabajo, es el principal motivo de bajas laborales en Madrid. Tienen mucho que ver con situaciones intolerables en que el individuo no es capaz de romper y el inconsciente da cuenta de ello.

Un paciente obsesivo habla de una escena que le gustaría representar. Lleva cinco años en psicodrama y cuesta resistirse. Se trata de la escena del cuadro de Goya: "Los fusilamientos del dos de mayo" le vuelve una y otra vez. Se identifica con el que está justo delante del pelotón de fusilamiento, el de la camisa blanca. Su padre era militar, y muy religioso. Habla del comportamiento heroico que le gustaría tener. Habla asimismo de que le gustaría correr aventuras, pero cuando llega a análisis es un hombre con ansiedad, encerrado ensimismo y en su cuarto; que no se relaciona demasiado ni con su mujer ni con sus hijas.

Viene a psicodrama y hace biodanza, porque hacen ejercicios de contacto corporal y él está muy necesitado de cariño.

Nunca hemos trabajado esa escena. Tal vez yo me cuestiono demasiado poco algunas cosas de los lemoine, todavía sigo aprendiendo de ellos. Por lo cual lo que voy trabajando es la dependencia y el miedo que este hombre le tiene a su madre, escenas donde el padre le propone ir a campamentos, o quedarse viviendo solo en Barcelona, cuando la familia se va, o simplemente de intentar salir a la calle con sus amigos y la madre oponiéndose, con sus síntomas, su depresión, su chantaje, para que él se quede a su lado. Es el único hombre entre dos hermanas. Lo que se ve escena a escena, lo que él se va desvelando, creo que también sacó una escena, en la que busca un reconocimiento de su sacrificio, de su quedarse pegado, que nunca llega. La madre justifica el lugar que le da, porque es un desastre, es una y otra vez en escenas truncadas en el intento de despegarse, escenas que no le gusta trabajar, donde se va dejando ver ese lugar real de miseria, donde su madre le coloca, y empieza a asumir esa falta, el que su madre le usa como un objeto y que es fuera de ella donde recibe esos reconocimientos que no le sirven.

Empieza a relacionarse con otros hombres para actividades como el deporte, donde se siente aventurero y libre. Escribe cuentos, donde proyecta sus ansias de aventura. Sale de viaje sin su mujer que también es una persona limitada que pretende que él se quede en casa con ella. Va haciendo actos, heroicos, porque le suponen enfrentarse al miedo a salir y que llegue eso desconocido a lo que se iba el padre cuando salía de casa y se exponía a las iras de la madre, y que le provocaba angustia y llanto.

¿Que significaría jugar esa escena, donde él ocupa el lugar del héroe que se arroja a las balas? Indudablemente un lugar de tranquilidad, y de calma de la angustia. Asumir la falta de la madre y la propia falta a la hora de tomar decisiones, poner en juego su deseo, y despegarse del goce de la repetición a cambio del pequeño disfrute de los actos cotidianos...le lleva más tiempo al inconsciente.

Enrique Cortés.- En primer lugar, no quisiera que la cuestión sea escenas fabuladas si o escenas fabuladas no. Yo lo que creo, y en esas estoy investigando, es si todas las escenas fabuladas vienen al mismo lugar.

Tú comentas que el olvido es el síntoma; yo creo que el

olvido es lo reprimido, el síntoma vendrá o no luego, es el efecto, en un segundo momento y precisamente ante el fracaso del olvido, de la represión.

Si lo pensamos en términos freudianos, se trata de hacer consciente lo inconsciente, es decir de "recordar lo olvidado".

De eso de lo que no queremos saber es de lo que hay que saber y ahí está la línea, a la que nosotros tenemos que estar alerta, cruzar esa línea por el puro goce nos llevaría al acting, pero yo lo que digo es que, tal vez y a veces, usar el material "fabulado" nos puede ayudar a descubrir eso de lo que no queremos saber pero que insiste, a veces mediante la fantasía. Y es entonces cuando me digo ¿pero acaso la fantasía no es un sueño, en tanto sueños diurnos?

Una fantasía no es un "yo quiero representar esta escena"; a veces en la manera en que el paciente tiene de contar la escena fantaseada tenemos claro si es oportuna representarla o no. Tal vez tan solo el hecho de hacer las elecciones para representar la escena e ir hablando de ellas, sin representar la escena, puede ser productivo. También y por supuesto hacerle asociar sobre esa fantasía o sobre lo que representa para él.

Y por supuesto esta la información que tenemos de nuestros pacientes y que nos van dando una guía de su fantasma, "ser el héroe" en tu paciente.

Jugar la escena, que tú me comentas, tal vez no le dé tranquilidad, tal vez le conecte con más angustia, si no en ese momento tal vez al poco tiempo. En ese sentido yo creo que es una escena que yo tampoco jugaría.

De los Lemoine seguimos aprendiendo, cómo no, pero aprender sin cuestionar, para mi es complicado pensarlo de esa manera, sería otorgarles el poder de la verdad absoluta; no querer ver su falta.

Fíjate, estamos aquí hablando y aprendiendo, yo por lo menos, porque hay cuestionamientos y queremos encontrar preguntas, y como ya estamos en un punto diferente a como empezamos, ahí está el deseo; de lo contrario, yo creo que entraríamos en la lucha de mantener "héroes incuestionables". ¿Para qué nos sirven?

Entonces mi pregunta, lo que yo me cuestiono, es si todas las escenas fabuladas tienen el mismo valor. Si nosotros podemos pensar que una fantasía es un sueño diurno.

Por ejemplo, una mujer que se va a casar y ella en su fantasía se imagina en el día de su boda y como ella no es feliz y me pregunto si al igual que un sueño podríamos jugar esa escena.

Marie-Noëlle Gaudé.- Yo he encontrado un breve artículo de G. Lemoine sobre las escenas fabuladas.

Pero para ser breve, es verdad que ciertas ensoñaciones se parecen a los sueños diurnos y por lo tanto y siguiendo a Freud, al sueño sin más. Esto es diferente de las escenas puramente fabuladas, tipo "yo detesto a mi madre y yo querría decirle todo eso que yo tengo guardado", que es del orden del goce puro.

Enrique Cortés.- Recuerdo el artículo de Gennie; pero allí si bien es verdad que Gennie habla de algunas excepciones y de que en caso de que el protagonista elija representar la escena fabulada, hay que dejar que la represente si bien luego se le hace saber. También habla de la silla invertida.

"Yo fantaseo el día de mi boda y que yo estoy ansioso con todos los invitados"

No es lo mismo que tener la fantasía de querer golpear a mi padre.

En la segunda fantasía, nosotros podemos ver una escena de puro goce, pero en la primera escena el goce es limitado, el sujeto habla de su inquietud.

Marie-Noëlle Gaudé.- Yo estoy totalmente de acuerdo, es lo que yo pretendo decir. Distinguir las escenas fabuladas que son como sueños diurnos, equivalente al sueño de Freud, de las escenas de puro goce.

Merche Parra.- ¿El límite lo marca el tipo de cualidad gozosa de la fantasía? Me resisto a dar por absoluta la certeza de que ninguna fabulación en escena es adecuada por definición. Sería dar portazo a un material demasiado rico para ser desestimado en psicodrama. Discriminación si, y el límite, desde luego difuso aún para mí. Sin embargo, es una puerta maravillosa la que se abre con esta cuestión que propones. Hay que investigar y experimentar.

Enrique Cortés.- Sabemos que en un momento dado Lacan va a decir que no todo es significante. Él va a hablar del final del análisis como una construcción del fantasma, él va a empezar a hablar del objeto a; y además lo marca como fundamental para la dirección de la cura.

Freud ya observó que el fantasma tiene función de consolación al introducirlo como producción imaginaria ("sueño diurno"), es decir que el paciente encuentra un recurso contra su síntoma, un consuelo. J.L. Miller va a hablar de esto en su texto "síntoma y fantasma".

También en "pegan a un niño" , Freud va a relacionar el fantasma con la masturbación, es decir, que en el fantasma hay un goce fálico, distinto del goce del Otro.

Nosotros nos vamos a encontrar con sujetos que se avergüenzan de su fantasma, o se sienten mal porque va en contra de sus valores morales. Y normalmente el sujeto toma cierta distancia frente a su fantasma. Ahí podemos observar una división del sujeto. Yo creo que se ve claramente la diferencia entre el goce fálico y el goce del Otro.

El fantasma lo que va a hacer es transformar el goce en placer; si pensamos en "más allá del principio del placer", podemos preguntarnos que hay "más allá", la respuesta es goce y por lo tanto displacer. El fantasma va a transformar ese displacer en placer. Lo podemos observar en el fort-da. ¿Qué ocurre allí? Es una situación de angustia, ante la ausencia de la madre. Es porque ese Otro se fue que el niño se angustia y entonces él va a obtener placer mediante el juego. Es importante recordar la ausencia de la madre, porque es la ausencia del Otro lo que presentifica el deseo. La ausencia de la madre pone sobre la mesa el Deseo de la Madre.

Podemos decir que el fantasma es una máquina que se pone en juego cuando se manifiesta el deseo del Otro.

Creo que sería interesante poder investigar algo más sobre el fantasma en psicodrama.

Mercedes Baudes de Moresco.- Para mí lo más importante es que en nada avanzaríamos si no tuviéramos ideas propias que van incluyendo las novedades que podemos aportar, nosotros vemos en la clínica cosas, los pacientes nos hacen ver cosas, sin apartarnos de la realidad teórica, en donde bajo transferencia nosotros tenemos en ese momento la motivación para hacerlo.

Para mí hay algo fundamental que es la abertura, y por supuesto que es una abertura lo que escucho en tus palabras, que quiere tener una base y que no es hacer por hacer lo que a uno se le ocurre sino darlo a conocer y poderlo discutir con otros, otro que lejos de venir a poner trabas ayuda al intercambio, como el que ahora estamos teniendo; esa es la manera de no estancarse en ningún tipo de disciplina.

Hay algo que quiero diferenciar desde el principio, nosotros ya nos hemos apartado bastante del psicodrama "puro" de Moreno; yo he tenido la oportunidad de trabajar con Zerka y he visto representaciones que yo no haría; recuerdo como Zerka representaba los sueños, haciendo que el soñante se tumbara en el suelo y tratase de dormir y desde ahí asociaba; sus escenas que tienen mucho de teatralización; ellos venían del teatro y habían encontrado ahí un arma extraordinaria, para poder hacer otra cosa, para poder hacer otra cosa que era pasar a la catarsis de la cual ellos hablan, y en la catarsis habían personas que ya se colocaban de manera lacrimógena de una manera "muy difícil" y creo que hay que tener mucho cuidado, porque creo que precisamente eso es lo que hay que frenar. A veces yo veía mucho exhibicionismo y cuando nosotros hacemos esta diferencia, nos diferenciamos con el estilo en cuanto como dirigirse al grupo, en cuanto a la manera de tomar las escenas, el corte de las escenas en la misma escena; cuando se ha encontrado el valor significante o la frase importante, ya no tiene ningún sentido alargar la escena, los morenianos la alargan hasta el punto máximo.

Entonces respecto a las escenas fabuladas y los sueños diurnos, no es necesario hacer una escena tal cual; por ejemplo en la escena de esta chica que se va a casar no es necesario colocar a los yo auxiliares, se podría hacer un soliloquio; la escena es una intervención sobre algo que se está escuchando después de que se escuchó a algunos hablar; entonces puede ser un soliloquio y no necesitar a ninguna otra persona; desde ese punto de vista una escena fabulada, para mí, es poner en voz alta una asociación libre del paciente.

También se podría elegir a los personajes y hacer asociar para ver a quienes representan y luego en los personajes hacer el soliloquio.

Con el soliloquio, el animador puede preguntar o intervenir y nadie va a venir a desviar la asociación libre de la paciente y el hecho mismo de tener que levantarse ya le obliga a tener que arreglárselas ella sola, que es muy parecido a lo que allí aparecía, porque lo que ella imaginaba de la gente es solo imaginario, yo haría esa escena pero de ella sola con ese miedo escénico y a parte no pensaría que es de eso de lo que tiene miedo, esto es solo la fantasía que se le ocurre, pero su temor y lo que la paraliza...yo no lo nombraría como una escena fabulada sino como un sueño diurno.

Enrique Cortés.- Estoy de acuerdo, elegir a los personajes pero que estos no intervengan y la protagonista que pase por ellos y que asocie, quien es, que hace etc.

Mercedes Baudes de Moresco.- Claro, esas son personas reales, podemos decir que la fabulación es lo que ella piensa de lo que pueden decir, pero el invitado es real. Supongamos que pone a "Pepe"; entonces se le pregunta quién es, qué dice, qué piensa...pero a ella en ese lugar, se le puede hacer ocupar el lugar del yo auxiliar, pero los yoes auxiliares no intervienen; y así con cada invitado de la escena; luego y fuera de la escena se les pregunta a los yoes auxiliares.

Me parece que se puede hacer de muchas maneras. Efectivamente es el trabajo sobre una fantasía, pero no es lo mismo que una escena fabulada.

Ahora, aquí en Argentina, hay algo muy de moda que son las constelaciones familiares y ahí si se trabaja solo con escenas fabuladas; ahora tengo una paciente que hizo constelaciones y vino para ver de qué manera podría recomponerse; yo estuve viendo sus basamentos teóricos y son nada; hay gente que está interesada en la relación con los muertos, ahora yo estoy escribiendo sobre esto...

Enrique Cortés.- En cuanto a los sueños, me encuentro con que no hay mucho escrito; un artículo de Adriana, un par tuyos y una revista de la SEPT, que en breve empezaré a traducir; también encuentro alguna contradicción, en algún lugar leo que no hay que hacer que el grupo asocie sobre el sueño porque entonces el soñante pierde el protagonismo, en otro lugar leo que sí; yo creo que el sueño es del soñante, eso no quita para que los demás puedan asociar pero el trabajo de la representación, en el caso de que se decida trabajar el sueño, debe ir sobre las asociaciones y el sueño del soñante. También de que los objetos del suelo significan cosas y por lo tanto deben aparecer en la representación; recuerdo un sueño en el que alguien se dirigía a casa y entonces se encontraba en un callejón muchos árboles que le dificultaban el paso; en la representación, se eligieron a yoes auxiliares que hacían de árboles y al hacerlo asociar, aparecieron personajes de su infancia.

Hay un sueño en el que el soñante sueña que se golpea un diente; ¿un yo auxiliar haría de diente?

Mercedes Baudes de Moresco.- En el sueño todo son partes del mismo soñante, por lo tanto él tiene que ocupar todos los lugares, se podrá poner a alguien en el lugar de diente, pero nadie le golpea, la acción no tiene que realizarse de esa manera; simplemente es para que pueda sentir eso y nosotros podemos decirle que sienta que lo están golpeando y que desde ahí se diga todo lo que le venga; que haga un soliloquio, sobre quien lo está golpeando; creo que sería importante ver con qué se está golpeando, posiblemente en la vida.

Pero sin poner objetos; para acercarse a lo real, precisamente es con el vaciado de objetos, porque lo real no está y ese vacío se le llena de simbólico, de palabras.

Si elegimos a un yo auxiliar para que haga de diente, este no dice nada, solo es para poder hacer el cambio de rol.

Voy a retomar la cuestión de la abertura, a mí nada me parece mal, hacemos lo que podemos y esto no es lo mejor, porque nosotros no somos sin fallas.

Enrique Cortés.- Empezábamos apuntando que lo característico del psicodrama es la representación y recordábamos una frase de los Lemoine: *"En lo que se refiere a las propiamente proyectivas, a las que designamos como "fabuladas" <u>por no haberse producido nunca y por ser fantaseadas solo por el puro goce,</u> intentamos*, en la medida de lo posible, dejarlas de lado".

Voy a terminar con unas palabras de Paul, en un texto magnífico que se llama construcciones en psicodrama: *"Enlazar los fragmentos de una vivencia, incluso inventarlos en caso de necesidad, pero sobre todo volver a ver a los actores de un drama pasado del que ya no se sabe nada que no sea su relato, reactualizarlo en el juego es una de las tareas que el psicodramatista puede tener que afrontar".*

Muchas gracias. De momento voy a dejarlo en este punto, creo que tenemos suficiente para la reflexión; simplemente agradecer a Andrés Herrera, a Ana Guardiola a Marie-Noëlle Gaudé y a Mercedes Baudes y también a la modernidad que ha hecho que desde Madrid, Colombia, Paris, Argentina y Alicante podamos coincidir y poder intercalar pensamientos y no voy a olvidarme a Merche Parra que cogió, un poquito, la invitación que le lancé. Gracias a todos.

Quinta promoción

CONSTRUCCIONES EN PSICODRAMA

Es sabido, dice Freud en su texto del 37, que el trabajo analítico aspira a inducir al paciente a que abandone sus represiones, que pertenecen a su primera época de su evolución y a reemplazarlas por reacciones que corresponderían a un estado de madurez psíquica. Para ello el material del cual disponemos, a veces, son fragmentos de esos recuerdos en sus sueños y fantasías; también si se entrega a la asociación libre, podremos encontrar ideas en las cuales podamos descubrir alusiones a las experiencias reprimidas; y finalmente los afectos que pertenecen al material reprimido suelen repetirse en acciones realizadas, ahora por el paciente.

Nuestra tarea es pues, hacer surgir lo que ha sido olvidado a partir de las huellas que ha dejado tras de sí o, más correctamente, construirlo.

En cuanto a las delusiones (ilusiones, engaño...) las cuales presentan dos características, una el apartamiento del mundo real y la otra el cumplimiento del deseo; dice Freud que se debería abandonar el empeño de convencer al paciente de su error al confiar en ellas, y que por el contrario se debería aceptar que hay un núcleo de verdad en ellas y que el trabajo debería consistir en liberar el fragmento de verdad histórica de sus distorsiones y sus relaciones con el presente y hacerlo remontar al momento al cual pertenece.

En Totem y Tabú, Freud nos señala que debemos apelar a las ficciones que constituyen la realidad histórica del sujeto, y que es en la medida en que un fragmento de realidad histórica ha sido perdido que se debe apelar a la construcción... (La cual viene a asistir de manera supletoria, a la ausencia de un real).

Desde Freud la infancia se entiende como el escenario de la constitución del sujeto *en* y *por* el deseo ligado al ejercicio del placer y las representaciones de objetos, pero como dice Lacan, la palabra trae la imposibilidad de expresarlo todo, quedando siempre un resto de real.

¿Podemos pensar que es ahí donde yace lo infantil del lenguaje y el significado mismo de la infancia?

¿Podemos pensar que ante la incapacidad de pronunciarlo todo, la historia se construye desde el mito y que solo nos queda la posibilidad de re-escribirla, en tanto que remite a la infancia y su función es la de ocultar un vacío; una ausencia de sentido que condiciona la permanente movilidad del deseo y su placer?

¿Podemos, también, pensar que la realidad comienza ahí donde habita un silencio?, ¿Silencio, que por otra parte empuja por pronunciarse?

Lacan afirma que "se trata de una pregunta que se le plantea al sujeto en el plano del significante, en el plano de *to be or not to be*, en el plano de su ser". La subjetividad entonces, aparece en el momento en que se reconoce la duda como certidumbre. Objetivo este del psicodrama, que la verdad subjetiva se tambalee.

¿De qué manera la infancia aparece como condición creativa en lo subjetivo?, ¿cómo pensar desde el psicodrama la relación de lo creativo con la infancia?

El sujeto se apropia y se somete a una historia sin reconocer que la fuente de esa historia, de la que se piensa dueño, está invariablemente apuntalada en mitos, realidad subjetiva.

Freud, ya descubrió que uno de los elementos esenciales en el funcionamiento de la mente humana son los mitos; preguntas atadas a una continua reinterpretación por su íntima conexión con la memoria.

¿Acaso hay correspondencia entre la verdad y la mentira?, ¿no es en esta oposición donde se genera la ambigüedad intrínseca de todo discurso; ambigüedad que permite jugar con la homofonía y otros equívocos interpretando ahí donde lo faltante se materializa en creación?

La verdad, pues, habita en lo inconsciente como un intento de recuperar la unidad perdida.

No queda otra más que entender que la creatividad siempre se enlaza con el campo del deseo.

En este sentido se puede pensar en la creación como un acto, donde lo creativo, lo inédito, es un encuentro con lo real, ya que toda experiencia de la humanidad está atravesada por la diferencia entre lo real y su representación; entre lo terrorífico y lo placentero; entre el fantasma y su juego. <u>Por eso la construcción creativa es un intento de sujetar y enmarcar el goce a través de la puesta en escena imaginaria articulándose con el significante, es decir, lo real captura en su goce también el acceso al placer.</u>

Una re-presentación sería un volver a poner en escena ahí donde lo real aparece enmascarado. El lugar del psicodrama apuntaría entonces a organizar una trama unitaria justo donde se hace lugar lo horrible y lo enigmático, a transformar el silencio gozoso en palabras placenteras.

La infancia, entonces, se organiza a partir de la estructuración de mediaciones y retoños, envuelta en un espesor deseante. *La función del psicodrama, es invitar al sujeto a reescribir-se y re-presentar-se ahí donde la creación se anuncia como inacabada,* posibilitando que la infancia se vaya constituyendo como un conjunto de vivencias y recuerdos capaces de ser recuperados.

Para ello el psicodrama propone un juego con el lenguaje y con la representación, colocando la condición expresiva en un sitio privilegiado de ausencia; para evocar a un tiempo in-definido donde la memoria y el recuerdo se inscriben en el orden simbólico que invita al juego imaginario y metafórico con sus significados. La apuesta está inscrita en atentar con el tiempo y su cronología.

El psicodrama coloca al sujeto frente al poder de la significación (imaginario), la posibilidad de hablar y re-presentar (simbólico) y marca una fisura desde lo real en el sujeto. Así, siendo el sujeto preso de lo indecible propio, lo real irrumpe desde su silencio y desde el cuerpo, con palabras que intentan ocupar esa ruptura violentando el vacío y construyendo fragmentos de realidad, que sólo interrogan incesantemente al sujeto sobre su condición, a lo cual sólo puede responder que "sólo sabe que no sabe".

En tanto que en la infancia, las palabras y la creación, en general, que enriquece la subjetividad se veía favorecida o entorpecida por la mirada adulta; que despojaba ilusiones, ahora crear y fantasear suponen límites que abren puertas al deseo.

El camino de retorno que el deseo encuentra desde su universo histórico hacia la realidad, hace valer las fantasías como goce fálico a la manera del "da" en el juego del carretel, en una nueva forma de expresión, no obstante desde Freud, la infancia ha sido el escenario de la construcción del sujeto *en* y *por* el deseo; *en* y *por* el ejercicio del placer ligado a las representaciones de objetos.

El psicodrama pues, abre caminos no sólo en el espacio transitorio y en la escena de juego, sino también en la escritura de la trama de su propio juego.

La propuesta psicodramática postula el rescate del síntoma, del conflicto, de lo diferente, de lo incongruente y de lo insensato; argumentando que ahí el sujeto aparece como deseo, como falta, como ruptura.

Así pues, el psicodrama freudiano con su propia idiosincrasia abre espacios, caminos y puertas, rompiendo espejos para insertarse en sus fisuras, y marcar en la diferencia su pro-posición subjetiva. El psicodrama posibilita re-producir inventándose de nuevo.

¿Cómo saber algo de ese real, en tanto real de la realidad psíquica, si se le define como lo imposible, lo que no se puede nombrar y no cesa de inscribirse?

Para ello está el fantasma; porque si bien el fantasma es un real para el sujeto en tanto que vuelve siempre al mismo lugar, también es el resultado de lo imaginario, en tanto flujo de las identificaciones primarias y de lo simbólico.

Entonces por un lado lo real, en tanto lo inabordable, lo insostenible; por el otro lo imaginario, en tanto investimento libidinal negado o reprimido con un goce prohibido (relación imaginaria del sujeto con el padre del sexo opuesto) y también lo simbólico, con los síntomas y las construcciones.

EL fantasma se construye, a la medida de una deconstrucción. La construcción freudiana es al amor: "me pega porque me ama"; desde Lacan hay una caída de las identificaciones, confrontando al sujeto con el objeto que lo hace sufrir, aquel que dice cuál es el goce del Otro.

Esta posición en relación al otro es bastante discernible en el discurso, el cual define la relación más básica del sujeto con el Otro, o su posición con respecto al Otro.

¿Para qué el fantasma?

El fantasma es una respuesta, una tentativa, en la ficción, de colmar la falta nacida del hecho de que no hay relación sexual.

El fantasma intenta dar explicación a un verdadero problema: el agujero, la imposibilidad de decir, la falta. Maneras de vinculación entre las correlaciones imaginarias a los trazos, a los significantes que precisamente articulan la relación entre lo imaginario y los significantes y que sirven de pantalla a una realidad que es intolerable.

El trabajo con lo simbólico apunta, desde esta óptica, a que el placer pueda ser representado; que se pueda pasar del a....a′, al $<>a; con ello atravesamos la selva fantasmática de las identificaciones primarias y posibilitamos que el sujeto cambie la relación que mantiene con el otro.

Gennie va a situar el fantasma en una fase muy pronta, en la fase del espejo: *"Cuando, en la fase del espejo, esta operación falla, en la medida donde siempre falla poco o mucho; en tanto que la mirada de la madre está retirada durante el encuentro y no aparece como una imagen de él mismo, soporte posible de una identificación, ni como objeto posible de amor; entonces la imagen unitaria viene al lugar de falta de objeto".*

En este sentido el fantasma, lo podemos pensar, en el momento de unificación de la imagen de sí mismo: momento que corresponde a la captura del cuerpo fragmentado en los restos de significantes.

"En esos primeros meses los significantes son registrados como sonidos, es decir, retenidos por la memoria como unos ruidos desprovistos de sentido, al mismo tiempo que se asocian a unas sensaciones físicas corporales de ese momento, sensaciones que solo se sienten sobre unas partes del cuerpo, es decir sin referencia a un conjunto.

Estas sensaciones y estos sonidos persisten y resurgen más tarde, como retoños inconscientes. Permaneciendo asociados bajo la forma de sucesiones no contradictorias, lo que les da un aspecto lógico, aunque la experiencia nos lo muestra, debido al carácter uniforme de su repetición, como unos montajes que se insinúan en la vida consciente.

Aunque esto está provisto para que surja así en el discurso del grupo, en el psicodrama se asume una forma particular, debido a que su discurso está orientado a la acción. Contrariamente a eso que pasa en el análisis, el fantasma se establece en acto: él se alimenta de las casualidades de la escena. La dimensión de la mirada hace participar directamente al cuerpo en los cambios: hay atracción física o repulsión entre los participantes, en un principio los significantes corporales son separados y puestos en circulación tal cual, es decir sin ser necesariamente transformados en significantes verbales.

Después la alianza de las emociones entre el cuerpo y el discurso, hace resonar el imaginario y resurgir los fantasmas. La nominación de los significantes y sus transformaciones en significados por el mismo grupo modifican profundamente la energía libidinal hasta ahora inconsciente. La energía ligada, preconsciente, se inscribe, en efecto, en una palabra, ordenándose y aclarándose. De esta transformación del fantasma, el psicodrama saca un efecto terapéutico".

Construcción y psicodrama.

En tanto que la construcción es un auxiliar que viene a suplir la ausencia de algo real; es en la medida en que un fragmento de realidad histórica se ha perdido que la construcción se impone; "nunca se tiene la suerte de reencontrar la totalidad de una vivencia".

Al correlato del ejemplo de Freud en la metáfora del arqueólogo, nos servirá un resto, un traspié, una sola palabra...para permitir descifrar una historia.

En psicodrama, a diferencia que en el análisis individual, al disponer de un espacio visual este posibilita que el paciente pueda volver a ver y también a inventar, a través de lo que olvidó, las partes faltantes de la escena; con ello y mediante el juego psicodramático intentamos que el sujeto se reubique dentro de la escena.

Al inventar y aunque se trate de motivos reinventados, sabemos que su verosimilitud se impone como si hubiera existido.

Dice P. Lemoine que *"ser psicodramatista no consiste solo en reparar las mallas del tejido que falta sino que, teniendo en cuenta una topografía, también es subrayar su existencia en el espacio de la sesión, es decir marcarle el lugar en la situación que los participantes ocupan unos frente a otros, y es también hacerla operar en el momento del juego".*

En la reconstrucción, nos veremos en la obligación de enlazar fragmentos de una vivencia, e incluso inventarlos en caso de necesidad; pero además es importante que tengamos en cuenta a los actores de ese drama, sus lugares y posiciones; y que si bien por ser pasado ya no se recuerda nada que no sea algo de su relato ahora se puede reactualizar en el juego.

Fernando Rodes, Digmar Aguilera (director de la escuela de psicodrama freudiano de Santa Cruz de la Sierra), Concha Sánchez (vicedecana del Colegio Oficial de Psicólogos), Fernando Rodes (psicoanalista) y Enrique Cortés. Presentación del libro "Psicodrama Freudiano: Clínica y Práctica". 2017

EL FANTASMA (y el grafo) (1)

El fantasma es de la dirección de la cura su norte.

J. Lacan

El fantasma puede ser considerado como la puesta en escena del deseo del Otro o más en concreto, la escena o la frase que nos dice cómo es el deseo del Otro.

Ahí entran en escena los significantes primordiales del sujeto; definiéndose el fantasma como la puesta en escena de los mismos.

Hablar del fantasma es tener en cuenta el rasgo unario que nos fija y empuja a la repetición. Cuando, en la dirección de la cura, nos interpela la fijeza de un síntoma es el trazo unario lo que orienta la maniobra para levantar ese punto de fijación. Fijación donde el sujeto está retenido, representado por un síntoma cuya fijeza delata el exceso que no deja advenir al sujeto deseante. Allí está el yo respondiendo a través de un rasgo. Esto implica un trabajo de extracción de goce, pegamento del rasgo en la coagulación de un síntoma pleno de sentido.

Los Lemoine; refieren al fantasma a una época de la historia individual que se sitúa antes del estadio del espejo, estadio de unificación de la imagen de sí mismo: corresponde a la captura del cuerpo fragmentado a partir de los restos de significantes en una fase muy precoz de la vida: en esos primeros meses los significantes son registrados como sonidos, es decir, son retenidos por la memoria como unos ruidos desprovistos de sentido, al mismo tiempo que se asocian a unas sensaciones físicas corporales, sensaciones que solo se sienten sobre unas partes del cuerpo, es decir sin referencia a un conjunto.

Imagen unitaria que viene al lugar de una falta de objeto.

Podemos dar cuenta del fantasma, siguiendo el recorrido que Lacan hace en su grafo del deseo, en tanto que se trataría de ir del primer al segundo piso de este grafo.

Primer piso del grafo. -

En este primer piso Lacan va a dar cuenta de cómo un sujeto queda dividido por el lenguaje. Lacan va a describir como aparece el sujeto, en tanto sujetado al deseo del otro.

En un primer momento Lacan va a tratar de dar cuenta de las condiciones que permiten que alguien tenga lenguaje y hable; de la estructura; a Lacan no le interesa mucho el habla, ni la lengua; sino la estructura.

La propuesta de Lacan es que para que un niño pueda hablar debe ser inscrito en el lenguaje.

Si bien Freud emplea la palabra ES, el ello, Lacan va a crear la idea de Delta. Él va a decir algo así como que las mujeres paren un Delta.

Vamos a pensar que hay un delta dentro de un circuito, este delta está sumergido en un orden simbólico del que el delta es ajeno. Es decir, cuando llega la "mamá" y le dice "cariño, ¿cómo estás...?" y el delta reacciona, aunque él no entiende nada, tan solo reacciona. Se está en la dialéctica freudiana del placer-displacer y él reacciona ante eso, pero no está entendiendo, de hecho, lo que escucha son ruidos. Pero él está sumergido en este ambiente de ruidos que no son arbitrarios, hay una lógica simbólica que subyace, lo que precisamente va a atrapar al delta es la lógica simbólica que subyace al lenguaje, no es el lenguaje; en un momento en el que el delta está siendo atravesado por los sonidos de su alrededor.

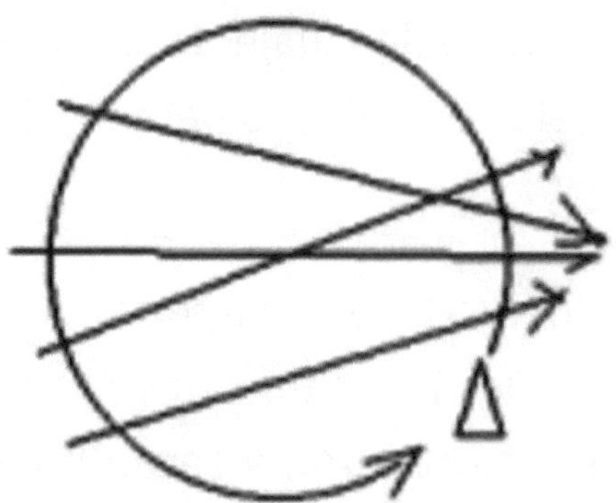

Esquema 1

(El delta, es el sujeto mítico de la necesidad. ¿Qué se hace con la necesidad, con el objeto de la necesidad?

Pedirlo. Pero entonces ya se pasa por el desfiladero de los significantes y se necesita del Otro)

Pero va a haber un momento en que uno de esos sonidos va a tener un significado especial, capturando al delta en ese circuito y como consecuencia de que eso haya sucedido surge un sujeto.

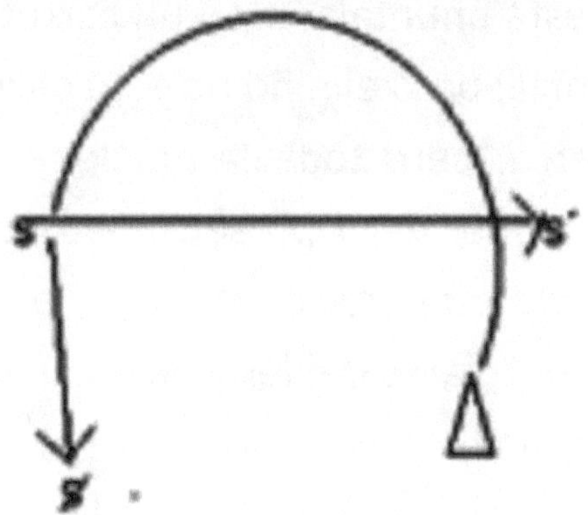

Esquema 2

La palabra sujeto también puede ser persona, pero no es lo que nosotros queremos decir, nosotros podemos llamarlo sujetado; porque en realidad a lo que se refiere es a algo quedó sujetado. Antes estaba libre (esquema 1) y ahora está sujetado al lenguaje. Esta sujetado a la lógica del lenguaje.

Si recordamos al nieto de Freud, allí él dice oooooo-aaaaa.

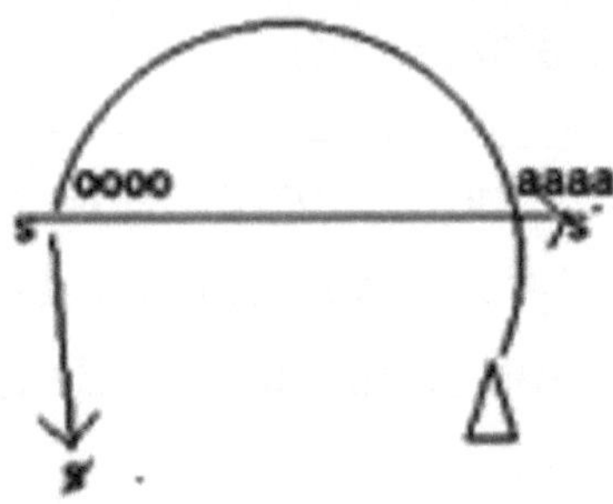

Esquema 3

Freud supone traduciendo ese ooo-aaa que el nieto dice fort-da; y esto está apuntalado en un carrete y Freud dice presencia-ausencia; pero el niño no está diciendo eso; el niño dice lejos-cerca; pero todavía no tiene léxico, no tiene las voces para poder decir presencia-ausencia; él se está sirviendo de dos operaciones que le permiten perfomativamente apropiarse del lenguaje; el carretel y la imagen acústica (ooo-aaa).

Una vez que esto ha quedado inscrito lo que queda es la matriz de las operaciones del lenguaje, es decir la diferencia entre el ooo y el aaa.

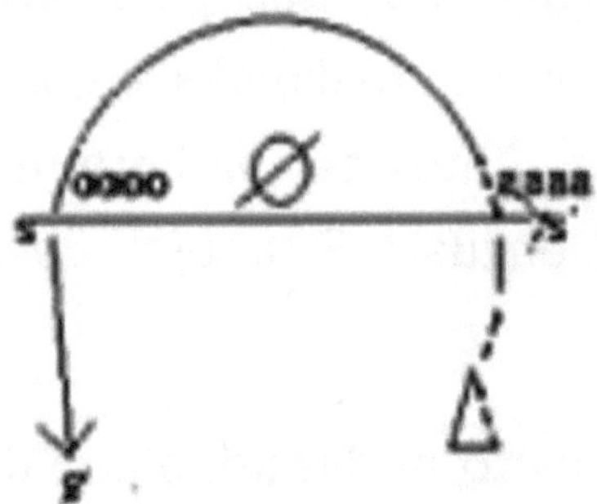

Esquema 4

El significante que queda inscrito es el significante de la diferencia, el cual está apuntalado en dos imágenes acústicas y un juego perfomativo con un carrete. Si yo quito ooo, desaparece aaa. Si quito el si desaparece el no. Una parte le da la existencia a la otra, esa es la matriz de las operaciones.

Esto es importante, porque el lenguaje es mucho más que las imágenes acústicas, la forma de vestir es lenguaje y las señas es lenguaje... el lenguaje es mucho más que las imágenes acústicas.

A ese significante de la diferencia, Lacan le puso un nombre especial; significante Nombre del Padre, ese significante es lo que inscribe la diferencia y por lo tanto la matriz de todas las operaciones simbólicas.

En el primer piso del grafo, Lacan va a dar cuenta como el sujeto queda, mediante el significante, alienado al Otro. El va a describir este proceso mediante el estadio del espejo.

Lacan en el estadio del espejo dice que hay dos operaciones que son constituyentes del yo. Que es el moi y el je.

¿Qué es el je?

Son esas marcas que nos han estado rodeando a lo largo de la vida, por ejemplo, el aroma de la leche, los pasos de la mamá, ese tipo de cosas que marcan cierto plano de diferenciación de la criatura (del Delta) en el mundo, esos "jes" son donde él es, sin esos "jes" donde él siente satisfacción él no es. En el estadio del espejo lo que aparece es que hay una mirada. Lacan pone el acento en la mirada porque esto es otra imagen, hay imágenes acústicas, kinesicas, y también imágenes escópicas, todo eso es lenguaje, el estadio del espejo es una operación simbólica que inscribe un orden imaginario y que a su vez va a constituir el moi y el je.

El moi y el je es la posibilidad de ser en el mundo, en tanto que aparecemos como "soy este".

El niño en el espejo, lo primero que ve es a otro, ese otro es otro, antes que se constituya el imago, que es un adversario a quien odio porque mi mamá lo desea, por lo tanto, lo que miro es el deseo de mi madre que está mirando a ese otro, (Lacan va a decir que el mecanismo de defensa del yo es la agresión) después el niño va a descubrir que ese otro es él.

Cuando descubro que ese otro soy yo, ese otro soy moi. ¿Qué es el moi? La posibilidad de que haya algo que tiene orden, sentido, soporte.

Si yo tengo un collar de perlas la posibilidad de que eso sea, es que haya un hilo que vincule a cada una de las perlas, el hilo puede no valer nada pero es la condición, la posibilidad de que haya un collar. Esa condición de posibilidad es el moi.

El moi es el hilo que hace que todos los "jes" estén articulados. El moi hace que esos "jes" fragmentados tengan sentido.

Hay que añadir que hace falta que haya otro para que todo esto pueda advenir

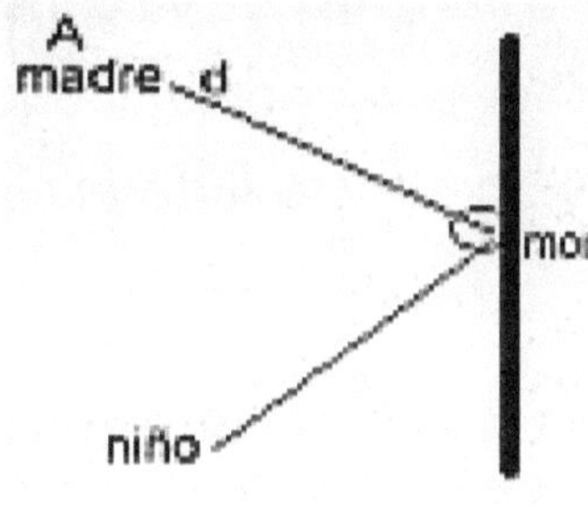

Esquema 5

Lo que propone Lacan es que hay una imagen i(a), la imagen del espejo, es decir la imagen de otro, de ese otro que va a constituir el moi (m)

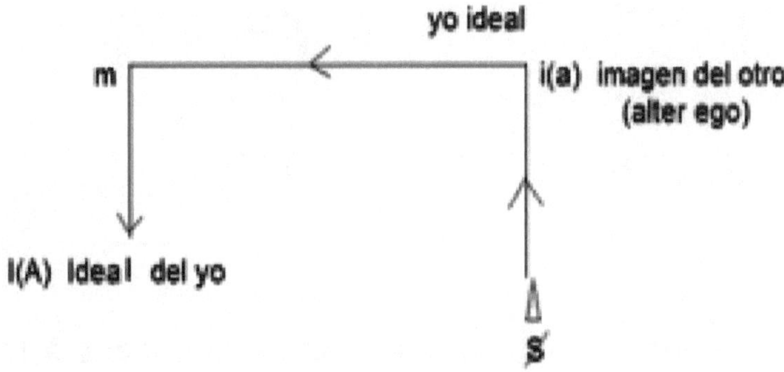

Esquema 6

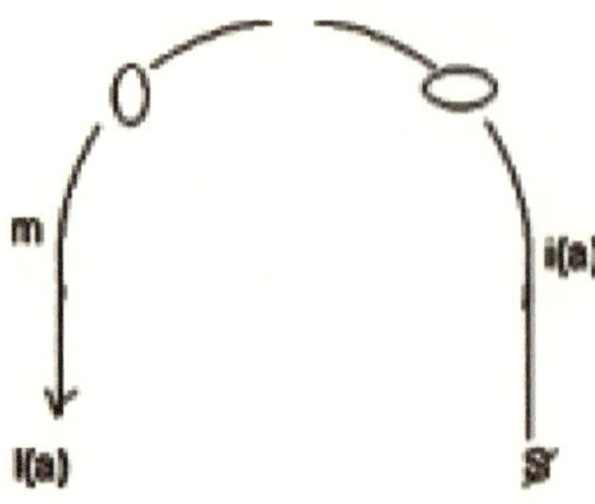

Esquema 7

Para que sea posible la imagen que va constituir al otro, que es moi tiene que haber un soporte, y aquí aparece el gran otro completo (A) y en el otro lado el significado del gran otro completo S(A).

¿Qué es lo que atraviesa este circuito? En un lado pone Lacan la voz y en el otro el significado.

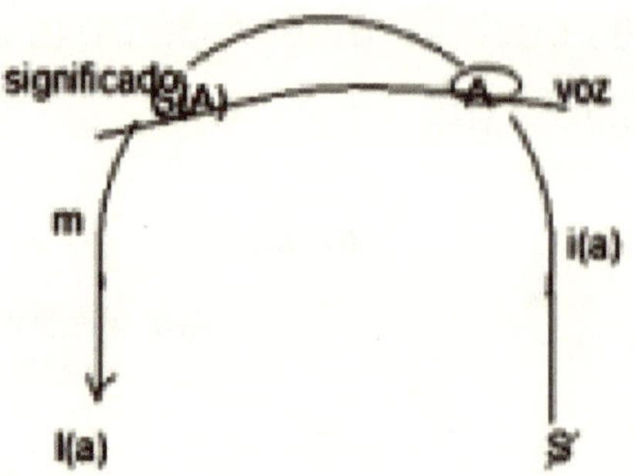

Esquema 8

(La voz en tanto primera figura que viene a leer el grito del niño. El A, es un lugar; mientras que S(A) es una puntuación, una escansión)

El Otro es un lugar, es la posibilidad de que exista un lugar en el Otro desde donde se pueda articular la posibilidad del moi, pero sí y solo si ese Otro está sostenido en su deseo. (Miro qué mira en el espejo, porque miro su deseo).

Al tiempo que el sujeto se identifica con un significante que determina su vida, acaba atrapado por ese significante; pero también hay otra vía de identificación, la imaginaria, la cual tiene que ver con la imagen: "el yo imaginario se forma en el interior del yo simbólico"; no se trata de comprender el advenimiento de lo imaginario y lo simbólico como dos tiempos diacrónicos distintos, sino como el advenimiento de dos modos intrincados en una misma experiencia.

Entonces la imagen del otro i(a), queda articulada al moi.

Ese Otro será la ley, será la madre, será el lenguaje, será todo aquello que podamos proyectar o soportar en ese sentido en esa operación donde no hay nada del orden de la falta; en S(A) aparece el significado del Otro completo, también se puede leer como la significación del Otro completo.

Si Alguien se queda atrapado en ese circuito es porque algo del orden de la falta ($) falta y si esto se produce es porque se está totalmente sometido a la identificación al otro, I(a).

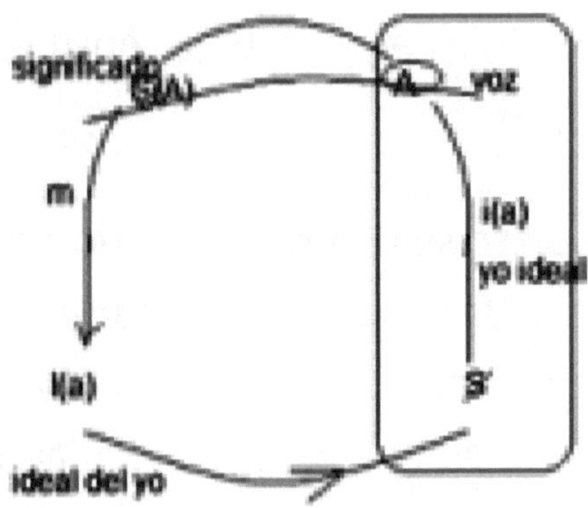

Esquema 9

Entonces surge la pregunta: "¿qué me quieres?", en ese momento en que uno se queda atrapado a ese deseo. Si no aparece ese deseo, ese sujeto ($) quedará sometido al circuito del primer piso.

Pero si el deseo del Otro aparece, esto posibilitará el paso al segundo piso del grafo.

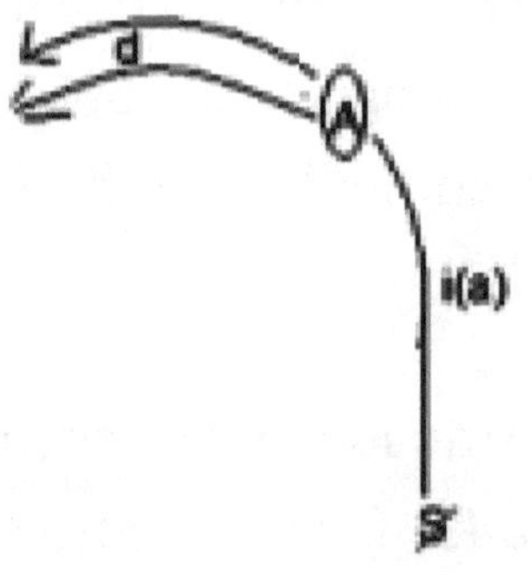

Esquema 10

En el momento en que aparece la pregunta, es porque lo que se está articulando es el deseo, pero el deseo no tiene un sentido unidireccional.

Entonces, aparece el deseo y por lo tanto la pregunta; y sabemos que si hay una pregunta hay una falta y esa falta opera en el Otro, <u>ese es el lugar que yo tengo en el mundo.</u>

La falta en el Otro es el significante de la falta del Otro. S(A̶)

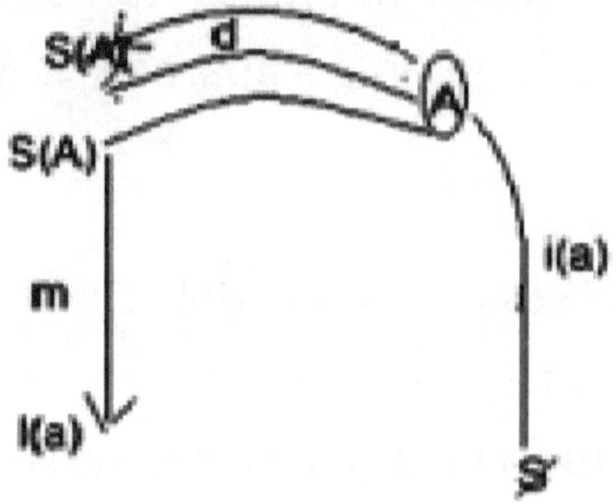

Esquema 11

Tappan nos cuenta como él recuerda la significación de la falta del Otro cuando era niño: "yo tenía un amiguito que tocaba el órgano, la mamá cuando tenía visitas lo llamaba para que tocara el órgano, entonces él empezaba a tocarlo y había algo muy claro para todos nosotros y era que nuestro amigo tocaba muy mal, su música era abominable; pero él quería agradar a su mamá; él decía: "a mi mamá le gusta"; ese es el significante de la falta del Otro; "a mi mamá le gusta".

Recuerden que el deseo siempre está articulado, no es una entidad abstracta, el deseo está articulado en el anhelo y en el querer. Si no hay anhelo y no hay querer no hay deseo.

Entonces, en ese momento en que aparece el significante de la falta del Otro es que podemos articular el segundo piso de este grafo.

En este segundo piso, aparece el fantasma de la demanda $\$ \lozenge D$, que Lacan identifica también como el matema de la pulsión y también aparece la fórmula del fantasma $\$ \lozenge a$.

Una vez dentro del campo del Otro, donde se constituye como sujeto, se entra en el circuito de la demanda (demanda de la necesidad), pero en esa distancia entre la necesidad y la demanda (del objeto) hay un resto que se traduce en tensión. La pulsión es tensión.

La diferencia entre la pulsión (real) y el deseo (simbólico) es que la primera no tiene traducción, no se pone en palabras, es silenciosa.

Ese vacío, resto, en el cuerpo la pulsión solo puede recorrerlo.

¿Quién introduce la pulsión?, la madre. En tanto Otro primordial, introduce la demanda pulsional: hazte ver-

hazte oír- hazte chupar- hazte cagar. De esta manera el sujeto responde a la demanda (falta) del Otro; ¿Dónde? En el fantasma.

El fantasma es el montaje subjetivo donde el sujeto identificado al objeto, recupera la pérdida.

El sujeto cuando se encuentra con el Otro, se encuentra con algo que no es solamente el lugar de la palabra, sino que se encuentra con un Otro marcado por la falta, el Otro del deseo.

Ahí se va a encontrar con un más allá de la demanda, en realidad no sabe muy bien qué es lo que el Otro le demanda; esta es la fórmula de la pulsión (El Otro con su demanda).

Y recordemos la afirmación lacaniana respecto de que "la pulsión es el eco en el cuerpo de un decir". Un decir que no será indiferente para el sujeto, que da cuenta de qué modo ha sido deseado, hablado, nombrado... Es en el encuentro de esas palabras y su cuerpo donde se esbozará lo que nombramos: "La pulsión".

Frente a ese horror del Otro que es precisamente su falta, su castración, el que el Otro no pueda decírnos la última palabra sobre qué es ser hombre o qué es ser mujer, puesto que no hay palabra final. La única manera de hacer soportar esto es el fantasma.

Y para la construcción del fantasma se vuelve a un estado anterior donde el sujeto tapona esta falta del Otro. Y entonces se recurre, para ello, a todo lo que vimos en el primer piso del grafo.

Si recordáis Freud subraya un concepto que nos será de crucial importancia: el de fijación; La fijación nos indica que hay un goce del cual el sujeto no puede sustraerse, que se instala, que habita y motoriza, y a su vez depende de la posición fantasmática del sujeto.

Del mismo dirá que se trata de: "Un lazo particularmente íntimo de la pulsión con el objeto".

Con lo cual:

<u>Lo que si es condición de posibilidad para que esté el segundo piso del grafo es el asunto del estadio del espejo.</u>

Vamos a pensar en el grito del niño, entonces la mamá va a suponer que eso es por un malestar e interpreta qué malestar es, intenta interrogar al bebé para averiguar cuál es el objeto de esa demanda y entonces ella supone qué es eso por lo cual ella fue demandada. A partir de lo que ella le da eso va a constituir la demanda, es decir el niño empieza a querer eso que la madre le da, lo está alienando a partir de su propio deseo. Pero también está el sentido de la propia demanda, es decir qué es aquello que se demanda, cual es el objeto de la demanda y aquí Lacan va a decir que lo que se demanda siempre es otra cosa, entonces aparece el significante de la falta del Otro $S(\cancel{A})$.

J. Eduardo Tappan, en su conferencia sobre el grafo del deseo emplea la siguiente metáfora: "vamos a pensar en el volcán de Cracatova, con los temblores, y entonces el Chaman dice "hay que darle mujeres vírgenes, porque eso es lo que A quiere", pero no era eso y un día Cracatova se enojó y Pum. Cuando aparece el significante de la falta del Otro ese significante nos permite localizar en el Otro un deseo, ahora estamos en el lugar de la pregunta ¿qué me quieres? esa pregunta está también articulada del lado del goce, la cual aparece al poder interpretar esa fantasía de la demanda (lo que es la castración) y como consecuencia de esas operaciones aparece por primera vez un fantasma $\$ \lozenge a$ o una fantasía, en donde hay un sujeto que busca cuál es ese objeto, antes era el objeto de la imagen, causa del deseo que es solo posible si pensamos en el significante de la falta el Otro".

Al final de la experiencia psicoanalítica, el sujeto descubre que su ser ya no es esa pluralidad de síntomas, sino que hay un síntoma que constituye verdaderamente su ser, un síntoma que precisamente por esta implicación con el ser del sujeto, se aferra tenazmente y no quiere perderlo. El sujeto ama a su síntoma como a sí mismo, toda su estructura psíquica está contenida en esta estructura que con este término nuevo, Lacan va a llamar sínthome, hecho de síntoma y de fantasma; porque "el fantasma no está solo del lado del significante"; no hay significantes que puedan dar cuenta del fantasma porque el fantasma está fuera del orden del inconsciente; no es algo a interpretar. Aunque resulta de la relación entre los significantes.

Lo que si puede ocurrir es que el sujeto pueda deducirlo de sus dichos como un signo de verdad que organiza su historia sin que él mismo se dé cuenta de ello.

Será el acto analítico, impulsado por el deseo del analista, quien hará que el fantasma cobre valor para el sujeto.

Desde el psicoanálisis, lo que podemos hacer es ir señalando significantes para que estos remitan a otros significantes y de esta forma ir construyendo redes de significación, que nos llevaran a la construcción del fantasma; pero el grupo de psicodrama tiene más recursos ya que el grupo de psicodrama presenta un escenario propicio para que de nuevo, el sujeto se pregunte: *Che voi?,* sobre el Otro, buscado saber que concierne a su ser.

Contrariamente a lo que pasa en el análisis, el fantasma se establece en acto: alimentándose de las casualidades de la escena. Además, la intrusión de la mirada hace participar directamente al cuerpo en los cambios: los participantes participan del juego de atraerse o repelerse. En un principio los significantes corporales son puestos en circulación tal cual, sin ser necesariamente transformados en significantes verbales. Después la alianza de las emociones entre el cuerpo y el discurso, hace resonar el imaginario y el resurgir de los fantasmas. La nominación de los significantes y sus transformaciones en significados por el mismo grupo modifican profundamente la energía libidinal hasta ahora inconsciente. La energía ligada, preconsciente, se inscribe ordenándose y aclarándose.

Y de esta transformación del fantasma, el psicodrama saca un efecto terapéutico.

Decir finalmente que este grafo no debemos verlo como un sentido de linealidad, donde parece que uno va a ir pasando por varias estaciones, lo que propone Lacan es una visión de interrelación

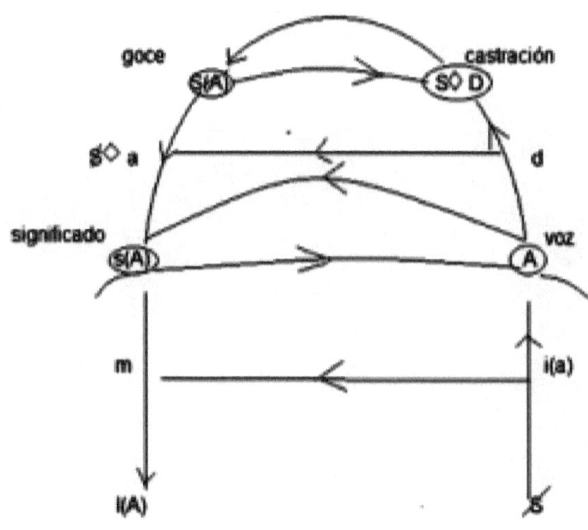

Esquema 12

Si ahora nosotros dividimos el grafo verticalmente, podemos ver como en el lado derecho del corte, nos va a quedar todas las operaciones referentes al Otro y como en el lado izquierdo las referentes al sujeto, cómo el sujeto fue subjetivizando las operaciones del Otro.

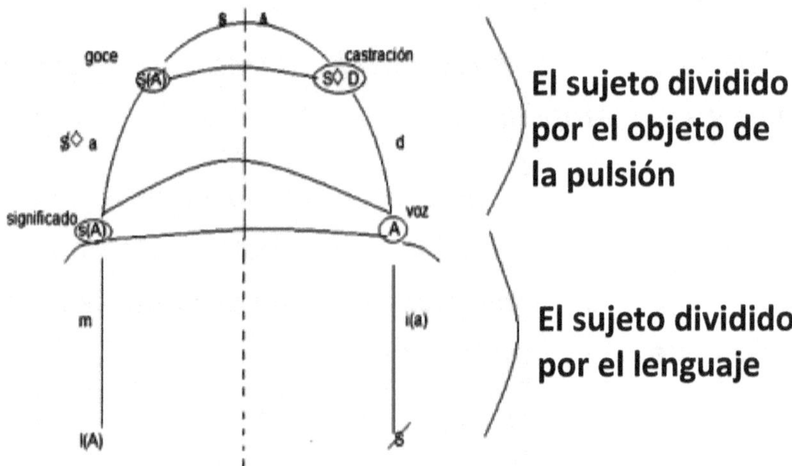

El sujeto dividido por el objeto de la pulsión

El sujeto dividido por el lenguaje

Esquema 13

(1)   José Eduardo Tappan. 2015-16. Conferencia

Tercera-cuarta promoción

LA IDENTIFICACIÓN Y FANTASMA EN PSICODRAMA

La identificación parte del hecho de que el sujeto siempre desea al otro y la alternativa es: ser o querer. (1)

Laplanche y Pontalis definen la identificación como *"El proceso psicológico mediante el cual un sujeto asimila un aspecto, una propiedad, un atributo de otro y se transforma, total o parcialmente, sobre el modelo de este. La personalidad se constituye y se diferencia mediante una serie de identificaciones" (2)*

De aquí podemos pensar que la identificación es un proceso necesario para que se constituya el Yo, pero también va a constituir un mecanismo de atrapamiento, en donde el sujeto va a repetir una y otra vez una serie de conductas precisamente para no diferenciarse de ese otro.

"Acto en el que un individuo se vuelve idéntico al otro" (2). Tropezamos aquí con la siguiente paradoja: para que yo me pueda identificar con el otro, yo y el otro tenemos que ser diferentes.

Parto de la siguiente tesis; el psicodrama en tanto lugar donde se juegan las identificaciones, constituye un medio idóneo, gracias al juego de la representación, para que el sujeto pueda romper con eso que repite, con eso a lo que se ve atrapado.

"El que prescinde del otro está precisamente en la lógica de la identidad y no del lado de un proceso permanente de identificación" (3)

¿Por qué el psicodrama es el lugar de las identificaciones?, ¿Simplemente porque los participantes están expuestos a la mirada del otro?

Partamos pues del siguiente punto: la identificación como juego de miradas constitutivas del yo.

Para Freud la identificación es *"la manifestación más*

temprana de un enlace afectivo entre el yo y el objeto" (4); Lacan partirá del estadio del espejo, momento evolutivo del infante alrededor de los seis meses, donde el niño pequeño sin hablar todavía ni sostenerse en pie por sí solo, descubre con encanto su imagen en el espejo.

Este estadio hay que entenderlo como una identificación, en el sentido de una transformación producida en el sujeto al asumir su propia imagen.

Identificación primaria que tiene la particularidad, en tanto el carácter prematuro del bebe, de su dependencia del otro. Esta identificación será la fuente de todas las identificaciones posteriores. Más tarde a través de su identificación al semejante y el drama de la envidia primordial, surge una relación de unión entre el yo y los otros.

Desde ese momento, todo el saber humano se vuelca en la mediatización por el deseo del otro, ya que el sujeto va a quedar atrapado en la pregunta: "¿Qué quiere el otro de mí?, ¿Quién soy yo para el otro?"

Y será a partir del "tú eres eso" que comienza el verdadero trabajo psicoanalítico.

Me interesa destacar dos cosas; en primer lugar, el objeto no es la persona exterior a la que el yo se identifica, sino que es la representación psíquica inconsciente de ese otro. Y en segundo lugar en tanto inconsciente, no es observable directamente.

Esto mismo lo podemos ver desde la óptica lacaniana; a lo largo de nuestra vida hay unos hechos que se repiten y que por lo tanto nos marcan y nos determinan, es importante pues hacer ver aquello que hay en común en todas las situaciones, esto sería lo que Lacan llama rasgo unario; (el aislamiento del rasgo singular es muy importante, debido a que por sí solo caracteriza la necesidad de repetición. Puesto en circulación en el grupo, el rasgo singular se modifica a medida que se analiza, dejando de formar masivamente parte de la situación repetitiva para integrarse a un discurso diferente, el discurso colectivo").

Entonces al tiempo que el sujeto se identifica con un significante que determina su vida, acaba atrapado por ese mismo significante o cadena de significantes, ya que un significante nunca está solo. Esta sería la identificación simbólica; una identificación que tiene que ver con la palabra.

Pero también hay otra vía de identificarse, la imaginaria. Esta tendría que ver con la imagen; Lacan da cuenta de ella por mediación del estadio del espejo; en donde el yo se identifica con una imagen ideal de sí mismo y que por ser ideal nunca se llega a alcanzar; a partir de ahí el yo se va a ir identificando con aquellas imágenes en las cuales se reconoce, imágenes pregnantes que evocan la figura humana del otro, su semejante.

Pero no hay que olvidar, que una identificación y la otra andan de la mano ya que *"el yo imaginario se forma en el interior del marco del yo simbólico"*. (Lo que yo me imagino ver en los ojos de mi madre va acompañado de una comunicación. No se trata de comprender el advenimiento de lo imaginario y lo simbólico como dos tiempos diacrónicos distintos, sino, como el advenimiento de dos modos intrincados en una misma experiencia).

En un taller de fin de semana, Sofía, una de las participantes se define como una persona que llora demasiado; se recuerda siempre enferma y a su madre a su lado cuidándola.

Al representar la escena en la que ella anda de la mano de su madre, mientras su hermana va por delante; corriendo y jugando; dice:" en realidad ella, refiriéndose a su hermana, es libre".

Más tarde recuerda lo siguiente: siendo ella muy pequeña se encontraba sentada en un rincón, su madre pasaba y ella la miraba. Al preguntarle el terapeuta que es lo que sentía, responde que ve que su madre no es feliz y que necesita de ella.

En relación a nuestro tema, quisiera subrayar lo siguiente:

a.- su madre necesita de ella, pero es ella la que siempre está enferma y su madre cuidándola.

b.- se define como una persona que llora demasiado; y en realidad es a su madre a quien no siente que es feliz.

c.- podemos pensar que efectivamente es una escena que la atrapa: "mi hermana es la libre".

Es una escena que la constituye, en el sentido en que le da una identidad: necesitada, infeliz...; se atribuye a ella lo que sintió en su madre; y queda atrapada allí donde se erige en salvadora.

Volvamos a la pregunta: ¿Cuál es el atrapamiento del yo?

Captado entonces por una imagen que jamás podrá aferrar, el sujeto no dejará desde entonces de pedirle razones a ese otro sobre el que posó por primera vez su mirada.

Pero en el psicodrama, el espejo es destrozado por las miradas de los otros que transforman todos los fragmentos significantes que alcanzan en rasgos de discurso. Por el contrario, la palabra, la voz, es decir la experiencia de la falta es la que le restituye al sujeto su unidad: *"el discurso del grupo lo ayuda a superar el fracaso de la repetición edípica gracias al aspecto de renuncia y de ausencia que el lenguaje comporta. Proceso que es facilitado gracias a la transferencia"* (6)

Cuando el sujeto busca la mirada de los terapeutas, *"se encuentra con que esa mirada no es un espejo, no refleja nada. De ese modo los terapeutas no se ofrecen a la identificación de los miembros del grupo, sino a la transferencia."*(7)

Ante la pregunta ¿Qué soy Yo? La respuesta se busca en el otro; "tú eres eso"; ese modo de identidad se sitúa en relación a la serie de identificaciones.

En el psicodrama y a través de la representación esas identificaciones se tambalean y el sujeto debe hacerse de nuevo la pregunta, pero ahora la respuesta, no está en el otro.

En una de las sesiones Caridad dice encontrarse mejor porque "he quitado a mi madre de mi vida, y ya no tengo ninguna necesidad de hablar de ella"; el terapeuta elige una escena con su madre. Las razones por las cuales elige al yo auxiliar son las siguientes: es callada y es como una criada siempre al servicio del otro, características estas que la identifican con su madre, y añade, "a mi madre la utilizaba mi padre".

En ese mismo instante se da cuenta que en diferentes ocasiones ella misma se había descrito de esa manera: callada, servicial y con sentimiento de que su marido la utiliza para los trabajos de la casa.

Al reconocerse en su madre es que puede marcar las diferencias, y esto le permite precisamente el poder acercarse a ella. La escena termina abrazada a la madre; hasta entonces su discurso era un continuo rechazo a su madre y lo que esta representaba.

Los Lemoine, en relación a la identificación nos recuerdan que a lo largo del grupo este pasa por varios momentos:

Primer momento.- es un momento de individualización, donde el individuo en el grupo se siente agresivo y molesto; todo debido a que no quiere ser confundido con los otros deseando la exclusividad de los padres-terapeutas.

En estos momentos nos podemos encontrar con deserciones alegando que el grupo no les ayuda, o que no se sienten con suficiente intimidad para hablar de sus cosas; sobre todo con pacientes histéricas que han estado previamente en terapia individual y cuyos lazos transferenciales con el terapeuta son fuertes.

La respuesta del terapeuta, no obstante, es la de no responder, negándose a socorrer la demanda de auxilio. El miembro del grupo se verá, así obligado a arreglárselas por sí mismo; empezando a mirar a los otros participantes y anudándose a una cadena de identificaciones entre ellos.

Segundo momento.- es el de las identificaciones laterales; aquí la mirada tiene un papel destacado, cada miembro del grupo se identifica con el otro, en tanto que se reconoce en él, para ello se requiere la dramatización.

Esta identificación consiste en que el deseo propio se basa en el deseo del otro, o en atribuirle al otro el propio deseo.

Tercer momento de las identificaciones cruzadas. -Esta identificación lejos de ser regresiva se caracteriza en que el sujeto recupera su propio deseo a través de la presencia del otro.

"Se producen dos identificaciones, una repetida, que se representa, la otra actual y nueva; aquí los participantes renuncian a poseer al otro, y lo logran en su imaginación a través de una representación. El sujeto entonces, renuncia al otro, pero lo recupera en el plano simbólico en el que siempre se gana una parte de lo real mientras se pierde otra. Al precio de este pasaje simbólico, el sujeto se recupera a sí mismo, como sujeto. Acepta perder una parte de lo real gracias a la presencia del otro, ya que se recupera para y por el otro sujeto con el que se identifica. De este modo logra superar su relación antigua y se libera para

nuevas identificaciones. Estas tienen que ver con un mundo imaginario en que las identificaciones no conducen a dependencia alguna, como en el cine o el teatro". (8)

Elina Matoso, Paqui Alcaraz, Carlos García y Enrique Cortés. 2013

Identificación y fantasma.

El fantasma se refiere a una época de la historia individual que se sitúa antes del estadio del espejo, estadio de unificación de la imagen de sí mismo: corresponde a la captura del cuerpo fragmentado en los restos de significantes entendidos en el momento de una fase muy precoz de la vida: en los primeros meses los significantes son registrados como sonidos, es decir, retenidos por la memoria como unos ruidos desprovistos de sentido, al mismo tiempo que se asocian a unas sensaciones físicas corporales de entonces, sensaciones que solo se sienten sobre unas partes del cuerpo, es decir sin referencia a un conjunto.

Estas sensaciones y estos sonidos persisten y resurgen más tarde, como retoños inconscientes.

Paul Lemoine

Cuando la unidad imaginaria del yo se desintegra, el sujeto escarba, en sus primeros enunciados el material significante de sus síntomas.

Nosotros podríamos, esquemáticamente, decir que el fantasma parte de una etapa preespecular. En resumen, que se integra en un cuerpo fragmentado, pero donde la vida libidinal es intensa.

Genie Lemoine

Anteriormente vimos desde el grafo del deseo la cuestión del fantasma; esto mismo podemos verlo con otras palabras. Rosa López, dictó una conferencia donde ella daba cuenta de todo esto pero desde otra óptica; pero como podremos ver, ella va a venir a decir lo mismo que Tappan.

Se parte de la hipótesis de que el Otro es la condición de la constitución de nuestra realidad subjetiva mediante las identificaciones.

1. La pregnancia de lo imaginario.

Empecemos por ese otro que es mi semejante, al que denominamos el *yo ideal* en tanto nos ofrece un modelo logrado de sí mismo, lo que no es más que una suposición, pero nos servimos de ella para acogernos a cierta promesa de integridad que nos tranquiliza.

Y en ese sentido si el otro tiene aquello de lo que carezco, puedo aproximarme a la felicidad que le supongo identificándome a él. Estamos en el terreno de las identificaciones imaginarias, donde se juegan el amor, el odio, la envidia, la rivalidad, el "o tú o yo", y el resto de las pasiones narcisistas.

En este momento hay una especie de transitivismo de lo imaginario que lleva a que el gesto del otro se confunda con el propio y viceversa. El niño que pega a su compañero llora denunciando que es el otro quien le ha pegado.

Es esencial subrayar que para Lacan, el yo se constituye en una alienación primordial al otro.

Notemos la diferencia entre identidad e identificación. Esta última siempre pasa por el Otro (imaginario y simbólico) y es del orden del semblante, del parecer, y no del ser. Por eso es fundamental en la vida que uno pueda cumplir una función de la mejor manera posible, para lo cual necesita no creerse idéntico a esa función. El analista encarna el lugar del sujeto supuesto saber para su paciente, pero cometería un error enorme si creyera serlo.

Aquel que, sin embargo, cree que es idéntico a sí mismo y que esa identidad la ha creado sin la mediación del Otro, encontrará en el dispositivo analítico un remedio a ese delirio, al hacer pasar su padecimiento por el analista en la posición de Otro.

Es en este nivel imaginario que se comparten ciertos sentimientos y se producen los efectos de contagio identificatorios. La exaltación de lo emotivo provoca un efecto de mutua influencia, hasta el punto de borrar los límites que diferencian a cada uno, en una suerte de reacción simpática primitiva. Con la identificación imaginaria al sentimiento que vemos en el otro, se pierde el espíritu crítico, y uno se deja invadir por una emoción común, tanto más contagiosa cuanto más elemental y primitiva es.

Además de estas identificaciones imaginarias, están las identificaciones simbólicas que proceden de un Otro con mayúscula, que no está en un plano simétrico, como el semejante, sino que representa una verdadera alteridad.

2. La Potencia de lo simbólico

La palabra tiene un poder enorme, incluso mágico, que induce a la destrucción, pero también a la calma. Su potencia tiene más fuerza que la naturaleza y que los poderes sobrenaturales, pues Dios mismo es un hecho de palabra.

Si hasta este momento nos hemos referido al yo ideal, ahora hemos de entender sobre qué base se constituye. Freud descubre una matriz simbólica que sostiene la edificación imaginaria, y le da el estatuto de una nueva instancia a la que denomina el *Ideal del yo*.

¿De qué se trata? Es la mirada del adulto que sostiene al niño ante el espejo la que certifica que esa imagen es él, y de este modo le otorga un lugar en el mundo. El Otro simbólico actúa como mediador en la relación entre el yo y su semejante. Frente a la lucha a muerte entre dos yos que rivalizan por el prestigio se interpone el pacto de la palabra que, a veces, impide que la sangre se vierta.

Freud plantea que el niño en su estado inicial vive en el autoerotismo sin tener en cuenta al otro, siendo la identificación la manifestación más temprana de un lazo afectivo hacia otra persona. Para explicar el proceso de las identificaciones Freud inventa un mito: El Complejo de Edipo. La gran divulgación del Complejo de Edipo lo convirtió en un relato de amores y odios. Se trata de una maquinaria simbólica e imaginaria en la que se deciden los fenómenos de identificación que conformarán la posición subjetiva de cada quien y su identidad sexuada. Cierto es que algunas personas no pasan por este entramado simbólico, y carecen de las denominadas identificaciones edípicas. Son los casos de psicosis, en los que se padece de un vacío identificatorio que solo puede compensarse con la pura imitación al semejante, o con el delirio de identidad megalomaníaco que es una suerte de Ideal del yo desorbitado.

En el Complejo de Edipo, tanto el niño como la niña toman a la madre como objeto de sus tendencias libidinosas y al padre como representante de un ideal al que identificarse. Ahora bien, este proceso no se produce sin perturbaciones y conflictos, dando lugar a los síntomas que caracterizan a las neurosis. Dicho de otro modo, nunca es normativizante.

El Ideal del yo cumple una función de observación del yo desde un lugar de autoridad. Es ese lugar desde el cual nos sentimos mirados, y ante el que pretendemos resultar amables.

Hemos de subrayar la enorme importancia del gesto del niño, en el estadio del espejo, cuando al mirar su imagen en el espejo, gira su cabeza hacia el Otro para certificar su valor. Bastará con un signo de asentimiento del Otro, que representa la elección de amor, para que el sujeto pueda operar en el campo de la palabra y adquiera su primera identificación. Pero no solo se trata de esa mirada de deseo, sino que además están las palabras que la acompañan. Esas palabras que proceden inicialmente del discurso familiar pero también del discurso social al que pertenecemos.

La experiencia analítica demuestra algo muy interesante, y es que cuando le pedimos al analizante que cumpla con la regla de la asociación libre poniendo en palabras todo lo que le venga al pensamiento, sin censuras ni disimulos, nos encontramos con la insistencia de la misma historia, la misma queja, los mismos significantes que se repiten una y otra vez. Cada analizante muestra una especie de guión preestablecido que estrecha el marco vital en el que se desenvuelve.

Es notable hasta qué punto es determinante en la vida de un sujeto aquellos dichos del Otro que tuvieron un carácter oracular. "Este niño será un gran hombre o un criminal", pronosticó el padre del Hombre de las ratas.

Es decisiva, sobre todo, la interpretación o la captación

que cada sujeto hace del deseo de sus padres respecto a su existencia. Son marcas que dejan una huella indeleble. La más dolorosa, sin duda, es la que produce el sentimiento de no haber sido deseado. También las que afectan a nuestra sexuación, es decir, si uno fue deseado como niño o como niña. Hay palabras que, recortadas del discurso de los padres, provocan un efecto sorprendente, y uno se pregunta por qué esa palabra y no otra. A veces son sentencias fuertes del estilo de "tú serás siempre……", pero en ocasiones son palabras aparentemente anodinas las que cobran una resonancia fundamental. Este enunciado se convierte en un significante amo que comanda los avatares de la vida del sujeto.

Con los significantes fundamentales el sujeto construye su propio fantasma, aquel que fija las distintas identificaciones que vienen del Otro en una suerte de esquema con el que se interpretan los hechos de la vida. Ese fantasma está destinado a atravesarse en el análisis, pues coloca al sujeto en una posición que nunca le es favorable.

Lo interesante es que las identificaciones pueden caer sin que uno se vuelva loco por ello. Y este es el gran objetivo del psicodrama, donde todo consiste en un juego de identificaciones.

Ahora bien, la enorme complejidad de los procesos de

identificación no puede ser concebida mediante una sencilla topología que separa lo interior de lo exterior. Algo así como "mi yo interno y las influencias que me llegan del exterior familiar o social". Lacan acuñó el neologismo "extimidad" para dar cuenta de *la excentricidad de uno consigo mismo.* Pareciera que el sujeto está gobernado desde el exterior, cuando es el interior quien comanda.

3. La fijeza de lo pulsional

Hasta ahora he subrayado que el sujeto nunca es idéntico a sí mismo, que es evanescente y sufre de fluctuaciones identificatorias. Sin embargo, hay sujetos que parecen más bien petrificados y en todos tropezaremos con algo inamovible. ¿Dónde se encuentra aquello que otorga al sujeto un peso específico? Hay algo que sin ser idéntico a sí mismo, le da una densidad, una fijeza, una suerte de *núcleo central* donde hallaremos su *diferencia absoluta.*

Nada de lo que hemos dicho hasta ahora sobre las identificaciones se sostendría sin el trasfondo de las pulsiones y del goce. No solo están las imágenes y los significantes, también cuenta -y mucho- un objeto muy especial, el objeto *a,* al que se engancha un modo de goce anti-humanista, como decía Lacan, en tanto no tiene en cuenta al otro.

El destino de las identificaciones en análisis.

Solo franqueando la pantalla engañosa de las mismas se puede conducir al sujeto hasta su goce más propio, ese que no depende de la alienación a los Otros, y donde reside lo más íntimo y a la vez lo más ajeno de uno mismo.

Ahora bien, la alienación inconsciente del sujeto a los significantes amo no desaparece por decreto, no basta con aplastar la superstición para temperar los efectos de la creencia sobre el ser hablante. Por esta vía no se puede alcanzar la separación, es necesario acceder a la única seña de identidad del sujeto que es su núcleo de goce. Solo cuando esto ocurre al final del análisis se puede alcanzar un verdadero ateísmo por la caída definitiva de aquellos significantes amos que están comprometidos en la compulsión a la repetición de lo peor.

Es a través del amor de transferencia como podemos llegar hasta ese *objeto a* que habita tras la imagen. El amor no solo es narcisista, también está ligado a la pulsión, y nos ofrece una posibilidad operativa para que el análisis no se reduzca a la obtención de saber, asunto de inconsciente, sino que también produzca cambios a nivel del goce.

La relación entre el sujeto con el objeto es una circulación entre el amor, el goce y el deseo. El fantasma anuda amor, goce y deseo.

Ese modo de relación entre el sujeto y el objeto que incluye cierto nudo entre el amor, el goce y el deseo da cuenta finalmente que el fantasma soporta una satisfacción pulsional (goce).

El fantasma pone en juego una satisfacción pulsional, nos dice por donde circulan los goces del paciente.

Poder leer una clínica del fantasma nos permite poder intervenir sobre el goce de nuestros pacientes, pero no solo sobre el goce, también sobre el amor.

El fantasma va a situar la modalidad del amor de un sujeto. Pegan a un niño es un texto que define de que se trata el amor en la relación neurótica de un sujeto. La frase a la que llega Freud, mi padre me pega porque me ama, anuda el masoquismo con el amor, Freud pone un saber hacer con la pulsión de muerte, el fantasma pacifica la pulsión de muerte (goce), entonces cierta cantidad de dolor inherente a la subjetividad puede ser leído en coordenadas del amor y entonces se vuelve insoportable. El problema es cuando el fantasma fracasa.

En relación al deseo, el fantasma es el soporte de las posibilidades deseantes del sujeto.

El fantasma es como la sombra del objeto, el objeto a en términos de Lacan y el objeto de la pulsión en términos de Freud (lo oral, anal, fálico). El objeto de la pulsión también es el objeto lacaniano que además él agrega la mirada y la voz. Son los objetos del goce, pero también son los objetos que causan el deseo.

Finalmente, hay algo que no es susceptible de cambiar, ni de desprenderse, ese hueso que resta al término de la operación analítica, y donde podemos situar lo que singulariza una existencia. Se trata del síntoma propio, no de los síntomas que se han adquirido por alienación al Otro y que se resuelven a lo largo de la cura, sino de ese síntoma donde se alberga un modo de goce personal e intransferible que no se dirige al Otro.

Se trata de darle al análisis una vuelta más de tuerca, una vez que hemos llegado a la caída de las identificaciones y que se han cuestionado las supuestas identidades. Al final de un análisis es necesario captar cuál es el síntoma para hacerlo trabajar a nuestro favor. A eso lo llamamos identificación al síntoma.

Isabel se hallaba de pie (en pie) junto a una puerta cuando ve que su padre era traído en andas. Sin poder sostenerse en sus propias piernas, a consecuencia de un ataque, por una afección cardíaca crónica. Isabel permaneció como clavada en el suelo observando la escena. Para su padre Isabel era más bien un hijo y un amigo, con quien podía sostener intercambio de ideas. Vivía orgullosa de su padre y de la posición social de su familia.

Dos años después de la muerte del padre comienza a sentirse enferma y a no poder andar. Así lo primero que se puede observar, en el orden de la pérdida, es la potencia del padre en la que Isabel se apoyaba. Es notable como el síntoma de Isabel se construye con relación a un rasgo. Esto es solidario de lo que Freud ofrece pensar como mecanismo completo de la formación histérica de síntoma. El yo adquiere las propiedades del objeto, sus atributos, tomando un único rasgo de la persona objeto. Ese padre potente, en el que Isabel se apoyaba, y por apropiación de ese rasgo se identifica.

La función del rasgo unario, la forma más simple de marca. Lo que –al decir de Lacan- es el origen del significante, no es sin la ligazón afectiva.

¿Qué es esa ligazón afectiva sino el afecto de existir?

(1) Matilde Enriquez. *Lo que se pone en juego, la transferencia con el otro. Cuadernos de psicodrama nº2* Madrid

(2) Laplanche yPontalis. *Diccionario de Psicoanálisis. Labor*

(3) Pierre Kaufman. *Elementos para una enciclopedia del psicoanálisis. (Pg.247) Paidos.*

(4) *S. Freud. Tres ensayos para una teoría sexual. Capítulo 2. Labor*

(5) J. Lacan. *Estadio del espejo. Escritos 1, pg.11. Siglo XXI*

(6) Lemoine P.Y G. (1966) Teoría *del Psicodrama. (Pg.50) Barcelona. Gedisa.*

(7) Lemoine P.Y G.(1966*) Teoría del Psicodrama.(pp 66) Barcelona. Gedisa.*

(8) Lemoine P.Y G. (1966) Teoría *del Psicodrama. (pp.76) Barcelona. Gedisa.*

II. CLÍNICA

Digman Aguilera y el grupo de psicodrama freudiano de Santa Cruz de la Sierra (Bolivia). 2016

SUJETO Y REPRESENTACIÓN

En tanto que una parte esencial de la historia del sujeto está por advenir, teniendo como único obstáculo las adherencias del yo, ¿podríamos pensar que ciertos dispositivos terapéuticos diferentes al de la cura individual, podrían posibilitar una movilización de estas inscripciones, facilitando un proceso de subjetivización?

Los padres, los hermanos, los abuelos...pueden hablar de lo que nunca fue dicho, pero si lo pensamos desde un encuadre propicio para que el sujeto pueda construirse y en tanto que el sujeto, desde nuestra óptica, es un efecto que se produce en el dispositivo analítico; debemos pensarlo desde el grupo, nosotros desde el grupo psicodramático. Un lugar propicio para realizar una reescritura de la historia propia. Ese será el encuadre donde el yo podrá ser transformado por los procesos de historización posibilitando el advenimiento del sujeto.

"El yo es capaz de devenir sujeto en la medida en que se desaliena, en parte, de sus identificaciones y de esas alianzas inconscientes que lo sujetan"; "el yo se subjetiviza en la medida que recompone su historia".

El ser humano es un ser hablante, dependiente de la palabra del Otro, siendo esta la única vía, para encontrar la suya propia, de que su subjetividad se haga presente en lo que dice. Así pues, no nos referimos al sujeto en el sentido habitual del término "yo soy fulano", en tanto definición que viene de otro: "tú eres fulano"; será precisamente en la ruptura, en el deslizamiento, en el fallido donde algo de lo propio aparece.

No es un Sujeto de la unidad yoica consciente, ya que lo que causa al hablante es la sorpresa y tal vez, la molestia por la irrupción de lo no esperado y desconocido de sí mismo, un verdadero ataque a la unidad narcisista.

Es lo que motiva a Lacan a postular la idea del sujeto como una "falta en ser".

Así pues pensamos al sujeto como ser de deseo, ser faltante, y por tanto de construcción permanente, en tanto que el deseo se caracteriza por su evanescencia.

Ahora, estamos en predisposición de decir que la subjetivación es una condición del psicodrama. El psicodrama implica el trabajo arduo de deconstruir las alienaciones y las coagulaciones de sentido, de aquello que nos encarga en tanto historia ejecutada como destino.

En términos de Pier Aulagnier, el proceso de subjetivización, consiste en la gradual proyección de los enunciados edificantes propuestos desde los otros, a la posibilidad de enunciar los propios proyectos identificatorios, camino de lo singular y de lo incierto. Para esto la posibilidad de historizarse, de ir simbolizando las propias condiciones de producción de la subjetividad, resulta esencial. Transformar, como dice la autora, el tiempo vivido en una historia hablada. El yo deberá entonces "escribir-construir la historia de su propio pasado, para que su presente tenga sentido y para que el concepto de futuro le resulte pensable".

Esta construcción implica a la vez una operatoria de deconstrucción de versiones precedentes, identificaciones selladas, sentidos fijados, alienaciones a nivel de pensamiento, en aras del recuerdo, la elaboración y la disponibilidad a lo por-venir.

En una sesión de psicodrama de parejas, uno de los participantes nos habla de su familia, "mi madre se llamaba

Fátima, murió cuando yo tenía cuatro años, me recuerdo con mi padre, él me dio las herramientas necesarias".

Otro participante habla de la "morriña", dice haber estado siete días en Madrid, junto a su familia y amigos de la infancia; "me vine a Murcia por amor".

El animador apunta que elegir no implica coger algo sino dejar algo de lado. El discurso va dirigiéndose hacia lo que se tiene que dejar de lado; hablan de la familia de origen.

Pepe, otro componente del grupo, nos pide poder dibujar a su familia en la pizarra.

Nos cuenta que la familia de su madre es la poderosa, expresión que realiza con los puños, "mi abuelo era un ídolo para mi madre". Mi padre a los cincuenta años tuvo su primer infarto, luego vinieron varios ictus. En uno de ellos estaba desinhibido y cariñoso.

¿Cómo era tu relación con él antes de los cincuenta años?, le pregunta el animador.

"Ambos somos habilidosos con las manos, hacíamos cosas juntos, solo a mí me dejaba tocar sus cosas, los domingos íbamos a la playa. Yo cada vez me parezco más a él. Hace unos días estando con mi madre, le pregunté cómo sería la relación con mi padre si no hubiera tenido estos ataques y antes de que ella respondiera yo le respondí: "como ahora"; ya que mi padre nunca ha sido mucho de contar.

Al animador esta respuesta le extraña, ya que Pepe acababa de relatar momentos de contacto con su padre; por esta razón y porque el discurso grupal se decanta por el tema de "tener que dejar algo de lado" (en este caso al padre) para poder mantener un posicionamiento yoico, el animador se decanta por jugar la escena.

Animador: quisiera poder jugar una escena en la que viésemos alguno de esos momentos en los que estás compartiendo con tu padre

Pepe. - tengo muchos momentos de conflicto…

Animador. - (viendo como Pepe se resiste a salir de su rol en relación al padre); "ahora no me interesan los momentos de conflicto, quisiera momentos en los que compartías con él".

Pepe elige, en el papel de padre, a un participante que se acaba de incorporar al grupo y lo elige por desconocido.

En la escena, el padre está arreglando una persiana y Pepe le pregunta si le puede ayudar. Al explicar la escena, Pepe dice que su padre le llamaría: Pepín. Pero entonces se da cuenta que en realidad su padre nunca le ha llamado Pepín.

Ante la pregunta del animador, Pepe explica "Pepe se llama mi abuelo, mi madre y mi padre hicieron un pacto, porque mi padre no quería que me llamasen por ese nombre, el pacto consistía en llamarme Josele, pero mi madre nunca lo ha cumplido".

Animador. - "¿entonces tu madre nunca ha cumplido el pacto al que llegó con su marido?"

Pepe. - No. A mí todo el mundo me llama Pepe, menos mi padre. Mi madre no es poco fraudulenta. (Sin duda un significante nuevo, dirigido a la madre".

Animador. - ¿Y tú cómo te haces llamar?

Pepe. - Yo me hago llamar Pepe, como mi abuelo y

como quiere mi madre.

En la escena, su padre está arreglando la persiana y Pepe se acerca y le pregunta si le puede ayudar, a lo que su padre le dice que si.

El animador decide cambiar de rol y que Pepe se coloque en el lugar de su padre; en ese momento Pepe se pone a llorar, afecto reencontrado y transformado en llanto: "mi hijo no acaba de saber todo lo que yo siento por él, porque yo no sé transmitírselo".

Animador. - acabas de responderte a la pregunta: ¿Cómo sería mi relación con mi padre si él estuviera bien?

Ya en su silla Pepe nos cuenta que cuando va a casa de sus padres, afeita y asea a su padre porque su padre no quiere que sea otra persona quien lo haga.

Animador.- él sigue haciendo cosas contigo, sabe que eres habilidoso con las manos...

La ligazón de lo que está escindido o a veces fragmentado, la construcción y reconstrucción histórica, la construcción de tejidos imaginarios y simbólicas, constituyen algunas de las intervenciones tendientes a propiciar estos efectos subjetivantes.

Los efectos de subjetivación incluyen cierta conexión con la otredad que nos habita. El proceso de subjetivización, conlleva dar la palabra a lo otro en aquello que tendemos a considerar uno mismo, este proceso promueve a la vez ciertos efectos de subjetivización respecto de la otredad del otro. Subjetivización, singularidad y otredad poseen correspondencias entre sí.

Desde esta perspectiva, el proceso de subjetivización posibilita un movimiento de apertura hacia la enorme complejidad de la vida psíquica, subjetiva y vincular. Dicha apertura hace lugar a lo nuevo, a la creación de lo que aún no está. Pero esto no implica abolir las herencias, la historia, la transmisión. Por el contrario, se trata como diría Derrida, de escoger la herencia, de apropiarse de lo transmitido para dar una nueva vuelta. Vuelta que implica un cambio en la propia posición. En suma, no se trata de anular los conflictos, de dar vuelta a la página, sino de construir una nueva versión para continuar escribiendo, entendiendo que el proceso de subjetivización continúa a lo largo de toda la vida.

Pepe seguirá, sin duda, escribiendo el dibujo de su familia y como se irá situando en ella.

Esther Marín, Carlos García, Concha Sánchez (vicerrectora del C.O.P.) y Enrique Cortés. Presentación de la revista SPECULUM.

PSICODRAMA Y PAREJAS

RESUMEN: El psicodrama como herramienta en el tratamiento de parejas, haciendo hincapié en lo característico a la hora de la intervención, para terminar con una viñeta clínica que viene a clarificar lo expuesto.

Los encuentros amorosos son en parte reencuentros con los misteriosos lazos que nos unen a nuestros primeros objetos de amor: la madre, el padre o los hermanos. El amor de hoy tiene los ecos del pasado.

En el encuentro amoroso estamos dominados por modelos de relaciones afectivas que forman parte de nuestro mundo emocional y que se construyó en nuestra infancia.

Cuando amamos a alguien nos aferramos a él hasta hacerle parte de nosotros mismos, hemos creado una imagen de su persona que corresponde a fantasías y deseos que anhelamos realizar. Imágenes de amor, pero también de odio o de angustia sino responde a lo que deseamos.

Todas estas representaciones, a las que está vinculada nuestra persona amada, son las que han creado un amado que vive dentro de nosotros, un ideal.

Las identificaciones con los padres actúan en forma inconsciente y, además del hecho de que los cónyuges imitan a la pareja paterna, las demandas que se realizan, son demandas no satisfechas en la infancia; precisamente esto es lo que explica el enceguecimiento recíproco de los esposos acerca de sus motivaciones. "Son víctimas de una historia que prosigue".

Los ideales, conscientes e inconscientes, que tiene cada miembro de la pareja, se vienen a manifestar cuando se participa en un grupo terapéutico.

Ambos miembros de la pareja esperan que el otro les llene su falta, ilusión recíproca que anula la castración, pero la vida cotidiana diluye las falsas apariencias. Como dice Freud: "se ha perdido un objeto, pero no se trata del mismo... se trata de la repetición de un primer placer desaparecido y que es nuevamente buscado". Esta reivindicación de amor se dirige hacia la pareja.

Es en el psicodrama donde muy claramente se ve como el matrimonio busca una continuidad en su historia, como inconscientemente repiten la relación de sus padres. Incluso cuando se oponen a ello, inconscientemente los imitan. Será a través del matrimonio como intentarán realizar los deseos reprimidos de la infancia.

El psicodrama vendrá a revelar las conductas ciegas basadas en los deseos parentales, es decir las identificaciones y las repeticiones; ¿Cómo? Mediante la representación; ya que la escena permite descubrir y hacer presente los afectos.

No olvidemos que *el psicodrama freudiano parte de un grupo imaginario y no real, por lo tanto, se debe evitar que un participante represente la situación con su cónyuge, porque de lo contrario continuaría la querella. Los esposos están presentes, pero nunca representan juntos, solo uno de ellos es el actor. Pero ello no impide que el que se mantiene como espectador comente la situación o responda. También se suele pedir el cambio de rol, esto es casi una regla en los grupos de parejas, de este modo se manifiesta con absoluta claridad el deseo inconsciente del sujeto. Ese deseo se formula a través de una demanda que se le formula al otro, así como a través de la imagen que el sujeto proporciona del otro, que no es más que lo que el sujeto desea y no se atreve a ser, es decir, el personaje paterno, materno o fraterno, eje de sus identificaciones.* [1]

Joan y Carmina son una pareja que asiste al grupo de parejas junto con cinco parejas más. En esta ocasión Joan cuenta su enfado con Carmina, por lo visto es una situación que se repite.

Joan. - No hay manera de hacer las cosas a su agrado, llego antes a casa y pongo la mesa, hago la comida mientras ella llega; entonces siento que me recrimina, algo pasa por dentro de mí porque me siento furioso y tengo que explotar. No entiendo su comportamiento...

Carmina. - Es algo totalmente exagerado, tan solo le hice un comentario sobre algo de los cacharros de la cocina, estaban todos por ahí desordenados.

Joan. - Pero es que no ve todo mi esfuerzo, ella llega enfadada y me arremete, no es la primera vez que ocurre, yo me siento impotente...

Terapeuta. - Dirigiéndose a Joan: más allá de lo que realmente ocurrió yo lo que veo es que como tú dices, hay un sentimiento de impotencia que tiene un efecto de furia descontrolada. En realidad ¿Qué es lo que te hubiera gustado recibir por parte de Carmina?

---

(1) Gennie y Paul Lemoine. Teoria del Psicodrama.. Edit. Gedisa. Pg.269 y ss.

Joan. - Reconocimiento y apoyo.

Terapeuta. - Intentemos salirnos de esta situación concreta, ya que tu dijiste que es una situación que se repite. Veamos donde te puede llevar esa necesidad de reconocimiento y apoyo.

Joan. - Una vez me vi obligado a pelearme, yo siempre me mantenía alejado de las peleas, el otro era más duro que yo, pero a la distancia corta yo le podía, entonces pude cogerlo y tirarlo al suelo. Cuando la pelea había terminado fui a contárselo a mi padre y él me dijo que no sabía pelear como un hombre, también recuerdo que entonces estaba mi hermano delante.

En la representación Joan va a elegir a una mujer para que haga el papel de su padre, porque dice sentirla fuerte y un hermano que no interviene. En el cambio de rol, haciendo Joan de su padre, en el momento en que él, como padre, le dice al yo auxiliar que no sabe pelear como un hombre, este le responde que es mucho más hombre que él.

Cuando vuelven a ocupar cada uno su papel y Joan se coloca frente a frente a su padre, le dice que nunca lo ha reconocido, que nunca ha sentido su apoyo; aunque es entonces cuando recuerda que, al aprobar las oposiciones, las palabras de su padre fueron: "yo siempre he confiado en ti".

Joan se ha dado cuenta que ha estado toda su vida esperando ese reconocimiento por parte de su padre, pero lo más curioso es que cuando lo tuvo no quiso escucharlo; prefirió seguir peleando (también con su mujer) a sentirse superior a él; ya que hay otra verdad que Joan no quiere aceptar, su padre para él era muy poco hombre en comparación con su tío (tal vez por eso eligió a una mujer del grupo para que hiciese ese papel).

¿Por qué no se permitía sentir el reconocimiento de su padre? ¿Por qué prefirió mantener su reivindicación insatisfecha?

Joan: "yo intentaba ser el más bueno, lo tenía todo en orden (precisamente esa es la queja de su mujer, el desorden en la cocina), mi cuarto limpio y no como mi hermano que era un desastre. Mi madre venia y me decía que era muy bueno que estaba muy contenta conmigo".

Joan se sentía el preferido de su madre y a su padre muy poco hombre, comparado con el hermano de su madre, lo que le dejaba un papel privilegiado en la casa, deseo que le angustiaba y que le llevaba a la compulsión, como él dijo: "a tener que pelear para demostrar que no lo hacía como los hombres".

Al finalizar se le da la palabra a Carmina, que dice que en realidad siempre tenemos historias que nos arrastran y que acabamos pasándoselas al otro.

Ana Guardiola

Patrick Vinors

Carmen Ripoll

Enrique Cortés

Primer congreso nacional de psicodrama, (AEP) organizado por el Aula de Psicodrama

IDENTIFICACIÓN Y PSICODRAMA

Contrariamente a la enfermedad, el síntoma no contiene nunca su propia casualidad; siendo el índice de un estado psíquico singular.

Los síntomas evocados o sugeridos por los pacientes no son informaciones sobre la enfermedad, aquellos representan un estado o, incluso, la imagen que el entorno les remite como respuesta, en espejo, a sus manifestaciones comportamentales o emocionales.

¿En qué consiste el efecto espejo de nuestra mirada y de percibir a través del otro algo de uno mismo, en tanto que participa del proceso de identificación?

En el comienzo está la madre maternal como fundante de las interacciones precoces descritas por Winnicott: "esta madre, por su propia capacidad empática, de identificación y de palabra puede reconocer y nombrar eso que es sentido por su niño. Ella participa así en la construcción de una representación de eso que se vive en la relación, le da un estatuto de lenguaje el cual es compartido".

Se compromete, entonces, con el otro en un proceso de simbolización.

Nosotros vamos a encontrar la misma relación de espejo identificatorio en el dispositivo del psicodrama, tanto en los pequeños otros del grupo, como en la palabra simbolizante que toma soporte sobre la enunciación de la observación.

Esta es la misma función que Lacan desarrolla en su descripción del estadio del espejo.

Él describe ese momento donde el niño, entre los 6 y los 18 meses, descubre su imagen en el espejo y se la apropia. El reflejo del espejo le proporciona una imagen unificada de su propio cuerpo. Sin embargo, para que el niño asuma esta imagen como propia, él necesita el asentimiento de su madre. La madre le acompaña en este descubrimiento y le da el significado. "Ese eres tú", le dice su madre y ella, además, podrá agregar: "Ahora tu no me necesitas para verte". <u>El juego consiste, entonces, en hacerse desaparecer saliendo del campo de la mirada, para luego reaparecer allí y decirse: "Ese soy yo, soy lo que yo miro".</u>

M. A. Chabert dice: *"Para que un hecho de la realidad sea reconocido como hecho, él debe ser articulado en el significante y advenir un sujeto, lo que hace que el hecho sea dicho".*

Es entonces por la palabra del otro que se construye la imagen de sí; para el niño, todo adulto es portador de un saber, de una palabra que viene a poner sentido a sus experiencias; exitosas, fracasadas o traumáticas. No es raro que él piense "yo soy tonto", después de que nosotros le digamos: "eres tonto"; también si le decimos eres malo o bueno, capaz o incapaz, amable o no amable.

Entonces el niño se identifica a la palabra del otro; parientes, amigos, hermanos, profesores o psicoanalistas que le declaran deprimido, hiperactivo o bipolar. Esta palabra modifica la percepción de su identidad.

¿Podemos pensar, entonces, que el síntoma será un efecto del lenguaje?

Mirella tiene 40 años, es madre de una hija de 10 años que ella apartó de su padre a causa de violencias. Su demanda es que se le ayude a poder mitigar su propia violencia emocional. "Yo estoy siempre en el exceso, ya sea en la alegría o en la tristeza, me dicen bipolar".

Nosotros decidimos pensar la representación presentada por Mirella, no como una enfermedad, sino como un síntoma, partiendo de una historia o de un escenario donde ella se sentía prisionera.

¿De qué habla el síntoma de Mirella?

¿Ser bipolar es una identidad que define al sujeto?

Unos meses después de su llegada, ella se encuentra con Etienne con quien ella vive una gran pasión. Poco después, Mirella anuncia su partida del grupo para participar en un grupo de personas con comportamientos bipolares. Nosotros insistimos para que ella continúe el trabajo en psicodrama, ella acepta manifestando que una parte de ella misma había adquirido la capacidad de desidentificarse de su etiqueta sintomática, aunque otra parte de ella temía separarse de ella. Miedo y ambivalencia comprensible, sabiendo que el síntoma protege al sujeto de la castración.

Nosotros observamos que lo que está confundido en Mirella, es no saber nunca lo que es verdad y lo que es falso. Duda sobre la palabra del otro, pero también sobre la naturaleza de los enlaces que se originan en su novela familiar, confusión generacional establecida por su abuela materna, la cual hizo creer que ella no era la madre de su hija, sino que era su hermana.

La mentira divide al niño, y aunque una parte de él no es incauta, permanecer leal al Otro; encontrándose en la encrucijada de atacar la unión con el otro o sostener el amor que le tenemos. El mensaje del adulto, aquí la abuela, le prohíbe pensar, cuestionar la palabra o el lugar del otro. Mirella dice en un comentario: "¿cómo podemos decir cosas pensando lo contrario?".

Mirella evoca una escena de ruptura reciente. En el juego ella acusa a su amigo por el cual ella experimenta una gran pasión, de engañarla. El tiene mucho éxito con las mujeres y le cuenta un paseo con una de ellas, aunque él rehúsa confesar el engaño, ella no puede creerle y la rabia la persigue; como si desapareciendo el otro desapareciese su dolor. Mirella comenta: "después del desencuentro con Etien, yo me veo suprimida, fundida en él, es un dolor parecido a un arrancamiento".

Y para no desaparecer en el otro se tiene que poder diferenciar.

Como Mirella no puede confiarse sobre una realidad solida o una palabra verdadera, todo es posible y todo es falso.

"Ser y no ser", el otro llena todo el espacio psíquico, la

pasión… que manifiesta el estado maníaco y luego la indiferenciación del objeto, la desaparición, la nada, el vacío o la ausencia, que se traduce en depresión.

¿En tanto que la otra miente, el síntoma vendría entonces a coger el lugar metafórico de una palabra falsa? El síntoma se convierte en significante y nosotros debemos saber cómo opera para el sujeto.

Mirella en los juegos escenificados va mostrando sus imagos parentales.

En otra ocasión, ella evoca su retorno con su madre a la edad de 7 años: "mi madre tenía miedo de todo, de la gente, de la falta de dinero, ella no me hablaba con claridad, yo sentía sus miedos en su manera de ser, ella no ponía palabras, sobre todo había silencios, de hecho ella tenía miedo de mí, ahora ella me habla".

En el juego siguiente ella le habla, intenta comprenderla y le pregunta: "¿Qué es lo que tú sientes?", a lo que la madre responde: "yo no digo nada", pero Mirella entiende: "tú no dices nada", ahí, de nuevo, ellas están en espejo, no diferenciadas. Mirella agrega que "yo no he rehusado a no ser como ella, yo vivo las mismas cosas, ella no soporta que yo no vaya bien, ella lo siente".

Con su hija ella dice vivir la misma dificultad: "yo me veo en ella y eso es insoportable". Ella puede, sin embargo, durante las sesiones tener un lugar como madre diferente de su hija, logrando calmar y apaciguar y restaurar una relación más segura. Así mismo, con el tiempo, su relación con Etien se va apaciguando y manteniéndose.

En su trabajo Mirella se somete siempre al deseo del otro y nunca puede decir no, "decir no es desaparecer o no ser querida".

En el curso de las escenas ella alterna dos posiciones de ausencias, o ella no dice nada o ella ocupa todo el espacio. También ella se va a interrogar sobre su lugar en el grupo: "yo tengo un problema de lugar desde siempre, o tomo todo el espacio o no tomo ninguno". Ante una pregunta del animador, asocia el mensaje de su abuela, haciéndole creer que ella era su tía, ya que no podía soportar decir su edad, justificando el hecho por el cual ella vivía con un hombre más joven, cerca de la edad de su hija, y para complicar el hecho ella se hacía llamar madrina.

Mirella evoca una escena donde ella tiene 6 años, tumbada sobre su cama con su "tía-madrina-abuela", ella oye a su madre hablar a su "hermana-madre": "yo creo que Mirella no está bien, ella está un poco gorda". La "tía-madrina-abuela" responde a su "hija-hermana": "eres tú quien no está bien, yo soy quien la levanta, no te preocupes más y ocúpate de ti". Mirella comenta: "yo me siento presionada entre las dos, ¿a quién creer, a quién amar? ¿A la madre inquieta o a la otra mujer desagradable?, ¿sobre quién apoyarme? Me siento dividida entre las dos".

Cuando Mirella dice que ella es bipolar ella en realidad hace un pasaje de una identificación a su madre depresiva para levantar otra imagen hecha de la potencia de su abuela, desvalorizando a su hija y anulando el orden generacional.

¿Qué lugar hay para Mirella entre la falsedad y la verdad?, estar en todas las situaciones en la excitación maníaca o en ninguna. ¿Si ella es engañada por mentiras, sobre qué verdad se apoya?

Su padre al cual veía poco y el cual estaba avergonzado porque vivía como un vagabundo, fue el único que intentó poner un límite al delirio de su suegra- madre.

Un domingo después del cine, él le dijo, mientras la acompañaba: "cuando tu llegues a casa di: buenas tardes abuela", pero cuando ella lo hace, la abuela furiosa la abofetea y la envía a dormir. La escena es jugada y se reduce a un silencio: la verdad sobre su lugar en el orden de las generaciones está prohibida.

Es el solo momento o una palabra la que trata de abordar una posible castración, pero no tiene ningún efecto simbólico. La mentira o más bien la negación de la abuela de ocupar su lugar de ancestro anula la temporalidad y la prohibición del incesto.

Después de la muerte de su abuela ella teme que el esposo de esta, su "suegro" abuelo, todavía joven seduzca a su madre cuando él le dice de hacer un viaje, como si la confusión de generaciones no tuviera fin en esta familia incestuosa y fuera de la ley.

La salida de Mirella será aspirar a volverse el garante de la ley para ella y para su hija.

Paqui Alcaraz, Carlos García, Esther Marín, Enrique Cortés, Alfonsi Huete y Carmen Ripoll. Congreso nacional de psicodrama en Santander

TRANSFERENCIA Y GRUPOS

La enfermedad del analizado no debemos tratarla como un hecho histórico, sino como una potencia actual.

S. Freud

Existen grupos que permanecen en el tiempo,

otros que nunca llegan a constituirse,

otros que repiten estereotipos,

otros creativos,

unos son violentos,

otros apasionados,

algunos se aletargan por venir...

I.

Psicoterapia psicoanalítica no es sinónimo de historizar. No se trata de re-pasar las contingencias vitales del paciente. Lo que importa es la manera en que *aquella* historia se pone en movimiento en *este* presente.

Lo transferencial significa revivir una situación del pasado en el presente, con la misma carga afectiva. Carga afectiva estancada debido a que el conflicto impidió su abreacción.

Y desde ahí, un resorte siempre dispuesto a dispararse, disponibilidad empujada por dos causas o motivos:

El deseo de completud de un proceso interrumpido y la repetición de la pulsión de muerte.

Me parece importante poder decir, antes de proseguir, que el psiquismo se constituye por un sumatorio de lo biológico y experiencias vitales, del cual resulta un producto de conductas no observables ni mensurables, en tanto que imagos, afectos, representaciones etc. No observables directamente ya que las podemos identificar en las sudoraciones, en los temblores, en nuestros movimientos en general; señales a las que debemos estar atentos.

Dichas conductas se incluyen en nosotros en tanto nosotros estamos incluidos en ellas, y se nos ofrecen cada vez que debemos reaccionar ante un estímulo.

Podemos decir, sin equivocarnos, que cada uno de nosotros tiene una manera de enojarse, de expresar sus afectos, de despedirse...estilos que se desenvolverán llegado el momento y ante un estímulo constante (dentro de un margen de mayor o menor elasticidad).

Nosotros pensamos que será tarea de la psicoterapia abrir otra vía más adecuada, explorarla, seguirla...cuando dicha conducta atente contra la capacidad de goce.

Entonces; ¿lo transferencial supone que súbita o gradualmente, lo pasado "resucita" en el presente? Cuando el psicoterapeuta es confundido con una imagen paterna parcial o total, ¿es que aquella oportunidad en que papá me castigó es trasportada, idéntica a la actualidad? ¿El mismo dedo alzado, la misma mirada furibunda, la misma voz?

No.

La transferencia no supone el triunfo del "allá y entonces" sobre el "aquí y ahora".

Si comparamos la transferencia con el sueño, vemos que el sueño no es copia fiel de los hechos reales (ahí encontramos restos diurnos, desplazados y condensados), sino que por el contrario, la realidad en ellos se encuentra modificada, en mayor o menor grado en desacuerdo con los deseos y temores; así de la misma manera en la transferencia, los presuntos recuerdos tempranos, en los que esta se apoya, se revelan como deseos o temores acuñados por fantasías infantiles. Estos presuntos recuerdos "reales" de la primera infancia, corresponden en cierto modo al contexto manifiesto del sueño. Por lo tanto, en uno y en otro caso lo decisivo son las fantasías.

Creo que para poder comprender con más claridad qué es la transferencia, deberíamos entender que es grupo interno; y así poder ver, porque es éste y no el pasado lo que se desliza sobre lo actual.

II.

No podemos perder de vista que la escena puede ser la escena del deseo o la fantasía, que como sabemos son tan verdaderas, o más, que las del acontecimiento real.

El grupo interno, entonces, será el conjunto de hechos, imágenes, escenas etc., en dinámica interacción que nos habitan. Habitantes intrapsíquicos no congelados, no detenidos, sino que siempre están en acción, objetos internos que se miran, se desean, se odian, representaciones fragmentarias o totales.

Complejos internos a ser re-presentados, como escenas de mayor o menor complejidad.

Escenas en lo vertical y lo horizontal. Con tramas centrales y laterales. La novela familiar. Nuestro grupo interno primario.

Apuntar que lo repetitivo irá por delante del recuerdo, tirando del carro.

Ahora ya podríamos definir la transferencia como el deslizamiento del grupo interno sobre el externo; entendiendo a este último como el grupo terapéutico y sabiendo que si bien el contexto terapéutico no provoca lo transferencial sí lo incentiva.

Entonces, lo que va a caracterizar a este grupo externo es que lo transferencial opera como la llave maestra de su accionar, en tanto que utiliza lo imaginario.

Ahora bien, no debemos conformarnos en pensar que hay una transmutación, sino que está la posibilidad de ensayar nuevas conductas más adecuadas, saliendo del inmovilismo repetitivo; aunque esto no quita para tener en cuenta que el grupo interno de cada uno de los integrantes tenderá a "deslizarse" sobre el grupo externo. Es decir, que, en torno a la escena real, se dinamizarán las escenas de todos y cada uno de los individuos que componen el grupo.

Ejemplo. -

J. acusa al grupo de servirle, de no ayudarle a sentirse mejor. A lo que M. le responde (tomando lo imaginario por lo real) que el grupo hace todo lo que puede y que es J. quien siempre está en la insatisfacción.

Es obvio que M. no puede dejar de reaccionar con la resonancia de su grupo interno.

¿Quién le reprueba a M.?, ¿Por qué es ella quien se erige como portavoz del grupo?

Jugada la escena de J. nos encontramos con una madre incapaz, que además le reprocha sus quejas. Su deseo insatisfecho.

Su compañera en el rol de J. ("no me das lo que yo necesito") y J. como su propia madre ("no te mereces más que lo que doy")

M. por su parte se-reencuentra con su impotencia ante la imposibilidad de "completar" al otro y su correspondiente angustia.

Topamos con la paradoja, como ya nos advirtió Freud, que no hay mayor resistencia que lo transferido y que precisamente será gracias a la repetición que se pueda abrir una senda nueva, también hacia el recuerdo.

Toda modificación no se consigue a través de la interpretación, es decir, de hacer manifiesto el "recuerdo"; la experiencia clínica desde lo grupal, a veces, nos dice que no basta, e incluso que un pasaje a lo reflexivo de la palabra lo empeora. Bien es cierto que nosotros tenemos otras herramientas que suman, como lo corporal y lo espacial

Segunda Promoción-

III.

¿De qué depende, cualitativa y cuantitativamente, la capacidad de transferir?

Tópica y dinámicamente, el grupo funciona como modelo del aparato psíquico. Así, no solamente en términos de primera tópica (discurso manifiesto y discurso latente), sino también de segunda tópica; por cuanto cada participante proyecta sus conflictos inter e intrasistémicos sobre los otros que aparecen así, en tales momentos, como portadores del yo, del ello, del superyó (y habitualmente el líder del grupo como yo ideal y el monitor de ideal del yo) o de partes de estas instancias.

Es innegable que la dinámica grupal, con su sucesión e intrincación de planos interaccionales, ofrece una variedad casi ilimitada de escenas externas imantadas que atraen imágenes y catexias.

Pero, también puede ocurrir que la descarga que demanda la transferencia quede estancada.

Una de estas posibilidades reside en el imposible encuentro entre la escena interna y la externa. Un discurso asociativo que no logra incluir al otro para diluir lo presente e ilusionar lo pasado. Esto puede ocurrir, por ejemplo, cuando una pulsión del inconsciente tiene una intensidad tal que no encuentra representación equivalente en el grupo externo para manifestarse.

Otra de las posibilidades es cuando la respuesta terapéutica a la compulsión inconsciente del paciente se da en otro nivel vincular; donde se toma por manifiesto lo latente. Tenemos por caso un miembro del grupo cuyo rol se erige de gran utilidad para el grupo; de la manera que la neurosis de ese individuo y la comodidad del grupo establecen un pacto perverso. Alguien siempre dispuesto a brindar auxilio a quien lo necesite. Con toda seguridad dicho paciente estará desplegando en el grupo externo una escena fundante de su grupo interno. Vemos como, en este caso, el presente acaba siendo devorado por el pasado como una vía permanente y no transitoria.

III. FORMACIÓN

Sexta promoción

GRUPOS DE FORMACIÓN DE PSICODRAMA FREUDIANO

Ayer tarde y esta mañana hemos tenido nuestras sesiones de segundo grado, son grupos iguales y tan diferentes. Iguales en tanto que el objetivo fundamental es la formación de psicodramatistas y tan diferentes en tanto la posición de cada uno de los integrantes en ambos grupos.

Pero no es este el único grupo que se da en nuestra formación.

En el curso de formación de psicodramatista, distinguimos tres etapas sucesivas, estas toman la forma de tres tipos de grupos: grupos terapéuticos o de primer grado, grupos didácticos o de segundo grado y grupo de control.

Quisiera hacer una pequeña reflexión sobre las diferentes demandas e identificaciones que se dan en ellos, así como el tipo de recorrido libidinal que puede forzar al "postulante" en el momento del pasaje de uno a otro grupo.

Esto en el marco de la transferencia, tanto en el grupo como hacia los terapeutas.

El grupo de primer grado, se sostiene o bien por una demanda de una necesidad de terapia personal o sobre una demanda de formación. En los dos casos, el candidato se encuentra siendo miembro de un grupo impuesto bajo la dirección de dos terapeutas que animan y observan alternativamente.

P. Lemoine, dice que la cura termina con el hallazgo o descubrimiento, por parte del paciente, de sus identificaciones inconscientes, hasta el punto de rechazarlas, con el padre del mismo sexo, en general. Llegado el caso, el análisis puede detenerse y el participante desaparecer. Siendo esta una forma de renovarse los grupos.

En el segundo grado, la demanda formulada necesita ser aceptada por los terapeutas. Habiendo recibido esta marca de reconocimiento, los electos van a formar parte de un grupo homogéneo en la búsqueda de un mismo objetivo: ser psicodramatista.

Lo que hay de nuevo en este grupo, es que la función de animación de una parte y la función terapéutica, no son ejercidas por la misma persona. Los terapeutas didactas se retiran a la periferia del grupo, y son los participantes los que se distribuyen las posiciones de animador, de observador y de paciente.

Desde la posición de animador el candidato va a identificarse con el rol del terapeuta. Y desde allí esperan ser reconocidos.

En un principio en este un grupo los participantes se encuentran en el campo de la rivalidad fraterna y acuartelados entre dos posiciones identificatorias: la del paciente, a menudo rechazada en tanto que se viene del grupo de primer grado y la del terapeuta, idealizada, inaccesible, sin falla. Provocando la angustia.

También en este grupo, los roles de animador y de paciente se suceden entre los miembros del grupo, donde cada uno se ve en el otro, lo que provoca que se encuentren con la falta, poniéndola en común y constituyendo, así, por analogía las marcas identificatorias actuales. Estas últimas pueden ser repeticiones puestas en acto en circulación en el grupo; lo que se verá luego durante la evaluación al final de la escena con la participación de los didactas.

Para entrar en el grupo de segundo grado, ha sido necesario, previamente, haberse dejado llevar por un grupo dirigido por los terapeutas animadores.

Marie Noëlle Gaudé dice que, el final del mismo se podría situar en el momento en que se deja de esperar de los terapeutas el reconocimiento. O lo que es lo mismo cuando se renuncia a la búsqueda de señales identificatorias de un modelo ideal de terapeuta.

El grupo de control; podríamos pensarlo como el lugar de intercambio de experiencias, donde se aprenden "las recetas de los hermanos mayores", manteniéndose al tanto, al mismo tiempo, de las dificultades de cada uno. Pero eso, que en un principio, no sería tan malo, acabaría siendo un grupo de apoyo. Y de lo que se trata de hecho es de controlar la función del terapeuta, no tanto haciendo un "como si" asumiendo que estamos en un grupo de iguales, presentes en al aquí y el ahora, sino cómo nos posicionamos en el cara a cara ante el grupo de pacientes, que vemos en otra parte, y cómo nosotros asumimos efectivamente la responsabilidad ante ellos y lo que nosotros aportamos en sus discursos. Porque en el ejercicio de esa función nosotros tenemos que sostener un lugar.

Lo que se escucha en este grupo, a través del relato, son las dificultades que el psicodramatista trae. Es como un "contra punto" en el camino de su deseo de animador, el de la contratransferencia tanto en el cara a cara en el grupo de dicho participante como con su coanimador.

En el grupo de control de lo que se trata es de ver los componentes transferenciales de sus propias identificaciones en las relaciones terapéuticas que ellos mantienen con los pacientes.

El grupo de control tiene entonces su lugar en el curso de la formación y nosotros podemos constatar que la cara psicodramática se continúa allí bajo una forma propia. Donde los discursos individuales se vinculan, se cuestionan y se responden en un discurso común al grupo y en presencia de los psicodramatistas didactas.

CONCLUYENDO:

En el grupo de primer grado, se tendrá que aceptar la dirección del grupo de los terapeutas: "renunciar a tener a la madre y al padre para ti solo".

En el grupo de segundo grado, el terapeuta se desvanece, él no anima. El no ofrece las marcas narcisistas demandadas por aquellos que siguen empeñados en el camino de la identificación a una imagen. Por lo tanto, se debe renunciar a identificarse a un modelo ideal de animador; donde se deberá arriesgar el deseo de ser psicodramatista frente a los miembros del grupo. Para esto es fundamental, que los formadores no se ubiquen como modelos ideales a reproducir, sino como sujetos transmisores de un quehacer. Cada aprendiz accederá en esta destitución imaginaria del Otro, a su propia castración simbólica, premisa fundamental y fundamento de un "estilo" propio.

Acceder a un estilo propio es simbolizar el lugar de coordinador y observador como función, dejando al descubierto sus identificaciones más arcaicas y posibilitando el pasaje del lugar de analizante al de psicodramatista; lo que puede abrir la puerta al grupo de tercer grado.

En el grupo de tercer grado, se trata de desalojar una última forma de goce: ver de qué manera el animador se identifica a la demanda del grupo, aportando por tanto eso que a él mismo le hubiera gustado recibir: "no responderás a la demanda del grupo ya que entonces es de tu demanda de lo que se trata y en ese caso entrarás en el circuito libidinal del grupo".

Las palabras del padre "tu no disfrutarás del grupo-madre", resuenan, a lo que el psicodramatista deberá someterse.

Congreso de Bruselas. Henry Fromm, Marie Noël Gaudé, Patrick Vinois y Enrique Cortés 2018

No se trata de abolir las herencias, la historia, la transmisión, por el contrario, se trata de escoger la herencia, de apropiarse de lo transmitido, para dar una nueva vuelta.

Lo que implica un camino en la propia posición.

Por lo tanto no se trata de anular los conflictos, de "pasar página", sino de construir una nueva versión para continuar escribiendo.

Enrique M. Cortés Pérez; escribió anteriormente los siguientes libros: "Apuntes de Psicodrama" de la editorial E.C.U.; "El psicodrama una propuesta freudiana" de la editorial Alborán; "Seminario partiendo del trauma" editorial Alborán; "Psicodrama Freudiano: Clínica y práctica" en Amazón; "Conferencias de Psicodrama" en la editorial Mandala. Propulsó el grupo para el estudio y la práctica del psicodrama: "Aula de psicodrama" y fue el director de la revista Speculum. En la actualidad ejerce su profesión de psicoterapeuta y psicodramatista, y dirige grupos clínicos y de formación de psicodrama freudiano. aulapsicodrama@gmail.com